Ana Giraldo

MAMÁ PRESENTE
No perfecta

Edición: Juanita Escallón Vicaria
Corrección de estilo: Juana Restrepo Díaz
Diseño y diagramación: Juan Galvis

Primera edición: Marzo de 2023
Segunda edición: Mayo de 2026

ISBN : 9798995227809

Ana Giraldo

MAMÁ PRESENTE
No perfecta

A mis grandes maestros en el cielo: papá y mamá.
A mis grandes maestras en esta Tierra: mis hijas,
Martina y Antonia.

CONTENIDO

INTRODUCCIÓN 9

CAPÍTULO 1 ENTENDIENDO NUESTRO PROCESO DE TRANSFORMACIÓN 15

CAPÍTULO 2 ESCAPANDO DE CREENCIAS TÓXICAS DEL ENTORNO 39

CAPÍTULO 3 CONSTRUYENDO UNA VIDA Y UNA MATERNIDAD CON PROPÓSITO 71

CAPÍTULO 4 BUSCANDO EL BALANCE 105

CAPÍTULO 5 ENCONTRANDO SOPORTE 143

CAPÍTULO 6 DE MAMÁ PERFECTA A MAMÁ PRESENTE 183

CAPÍTULO 7 SER UNA MAMÁ PRESENTE LEJOS DE TU PAÍS DE ORÍGEN 214

AGRADECIMIENTOS...233

ANEXOS 237

BIBLIOGRAFÍA 249

Este libro que hoy tienes en tus manos nace de un despertar en mi vida.

El 26 de septiembre del 2020 llegué al quinto piso del hospital. Las puertas del ascensor se abrieron y tuve que agacharme para poder pasar por las cintas amarillas que decían *Peligro, no pase*. El ambiente era sombrío, las enfermeras se veían cansadas y derrotadas. Me bajé del ascensor en el piso que había sido asignado para mantener aislados a los pacientes con Covid-19, el virus que había desatado una pandemia mundial, unos ocho meses antes.

Quince minutos antes me habían llamado al celular mientras manejaba del hospital hacia mi casa para decirme que no había suficiente personal médico en el piso y que necesitaban que alguien acompañara a mi papá, quien ya era mayor de ochenta años, y unos días antes se había contagiado del virus. Normalmente mi mamá hubiera estado ahí, pues tenían una linda y cercana relación que había durado más de cincuenta años, pero ella había muerto un año y medio atrás. Aún estaba, o más bien, estábamos en duelo por su ausencia.

Inmediatamente di la vuelta, paré a comprar una máscara transparente de protección y llegué a la clínica. En la entrada del parqueadero me preguntaron para dónde iba y al decirles que para el quinto piso me preguntaron con cara de asombro: "¿Está segura?...Ese es el piso en aislamiento para pacientes con Covid-19". Les dije que sí, que me habían llamado y que necesitaban que alguien acompañara a mi papá. Después de un

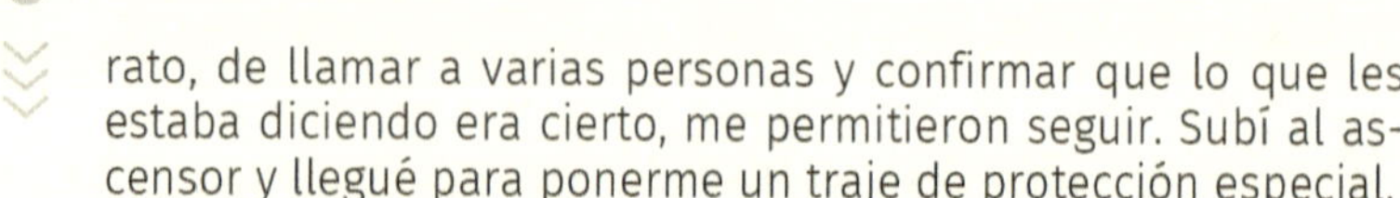

rato, de llamar a varias personas y confirmar que lo que les estaba diciendo era cierto, me permitieron seguir. Subí al ascensor y llegué para ponerme un traje de protección especial.

Cuando entré a su habitación me emocioné mucho de verlo, se veía muy bien, o por lo menos muchísimo mejor que cuando lo había dejado en urgencias, la madrugada del día anterior. En ese momento respiré con tranquilidad y pensé: 'lo traje a tiempo, todo va a estar bien'.

Después de tener una videollamada familiar para que mi papá hablara, se riera y compartiera historias con mis hermanos y con mis sobrinos, colgué y recordé que tenía que terminar un curso que estaba haciendo y que el día anterior no había podido finalizar. Y así pasó más de una hora en la que estuve sentada en su cuarto, pero no con él. Aunque mi cuerpo estuviera al lado suyo, mi mente estaba en otro lado. No le pregunté cómo se sentía, si tenía miedo, si necesitaba algo, si quería decirme algo. Luego llegó el personal de enfermería y me dijeron que tenía que salir. Intenté darle un beso en su frente, pero no pude hacerlo porque tenía puesta una careta plástica anti-covid que se interpuso entre él y yo. Así que simplemente retrocedí y desde lejos le dije adiós con mi mano.

Un día después recibí una llamada en la que me informa- ron que tenían que trasladar a mi papá a la Unidad de Cui- dados Intensivos. Durante los siguientes ocho días el único contacto que tuvimos fue una llamada diaria del personal médico a las 5 p.m., informándonos que él estaba estable. Al día ocho la llamada no fue tan alentadora, mi papá había perdido la batalla contra el virus. No pudimos verlo, ni tomar su mano, ni abrazarlo para acompañarlo en sus últimas ho- ras. Sin saberlo, esas horas a su lado en el hospital, habían sido las últimas a su lado.

La muerte de alguien que amas es un momento de esos que te marcan para siempre. Yo ya venía en un proceso intenso de transformación (del cual te contaré un poco más durante el libro), pero ese momento en particular marcó un antes y un después en mi vida. Fue un tiempo intenso de despertar. Entendí que estar presente con alguien que amas no se trata solo de la cantidad de horas, sino de la calidad de esas horas, de la profundidad del tiempo que compartes al lado de esa persona.

Tendemos a pensar que nos queda mucho tiempo, que nuestros papás vivirán más tiempo, que nuestros hijos estarán con nosotros por mucho más tiempo. Pero no es así, nuestros hijos crecerán y se convertirán en personas independientes. Nuestro tiempo de estar presentes con ellos es ahora.

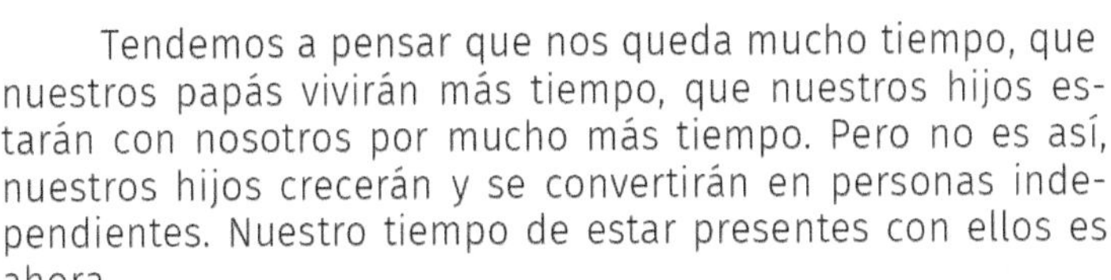

Nos frustramos porque no nos alcanza el tiempo, porque nuestros hijos demandan demasiado de nosotros, porque sus interrupciones constantes, sobre todo cuando son pequeños, nos impiden lograr objetivos y seguir corriendo en un mundo en el que vivir ocupados se convirtió en un símbo- lo de estatus que nos hace sentir orgullosos.

Cuántas veces no olvidamos que aunque las horas con nuestros hijos pequeños parecen muy largas, llegará el momento en que miremos hacia atrás y nos demos cuenta de que los años se hicieron muy cortos: de repente ese bebé que dependía día y noche de nosotros se convierte en un adolescente que quiere volar y ser independiente.

Y entonces, pasamos los mejores años de nuestra mater- nidad corriendo y tratando de alcanzar estándares de per- fección sin fin, que nos roban la posibilidad de estar verda- deramente presentes con nuestros hijos.

Sí, lo sé, es un reto estar presente en un mundo que es- pera tanto de nosotras. Los mensajes de éxito, de produc- tividad constante, de competencia y de perfección en todos los roles nos complican la vida. Yo era una de esas personas que solía ser adicta a estar ocupada. Y sin darme cuenta, vivir ocupada y tratando de alcanzar esos estándares de per- fección en todo me estaba robando la posibilidad de estar más presente con mis hijas y con mi familia.

Esos mensajes externos de éxito y productividad se ha- bían convertido en un mantra y en una forma de vivir para mí: no eres suficiente si no estudias más, si no logras más, si no eres más exitosa. Tienes que vivir así, no importa si

eso implica dejar de vivir el presente. Dejar de disfrutar la maternidad.

Durante ese tiempo tan retador de la pandemia, y especialmente tras la muerte de mi papá, me empecé a preguntar muchas cosas: ¿Es así como se supone que tenemos que vivir? ¿Realmente tiene que ser así? ¿Realmente es justo que las mujeres tengamos que sentirnos como si nos hubie- ra pasado una aplanadora por encima al terminar cada día? ¿Realmente nuestros hijos merecen a estas mamás constan- temente agotadas y frustradas?

Hacerme todas esas preguntas tocó algo dentro de mí y movió mis fibras. Decidí empezar a leer y entender el proble- ma, a hacerlo más visible y generar una conversación pro- funda alrededor de las opciones y soluciones que permiti- rían que las madres de hoy tengamos una vida plena, que podamos ser mamás presentes, sin tener que renunciar a nuestros sueños. Aunque sé que las respuestas a estas pre- guntas implican soluciones de fondo que no dependen solo de nosotras, sino también de la sociedad y el mundo en que vivimos, también sé por experiencia personal que hay ciertas cosas que podemos hacer para mejorar nuestra calidad de vida y ser mamás presentes sin renunciar a nuestros sueños.

Aunque fueron años muy retadores, hoy agradezco que, a través de todas esas experiencias de vida, logré entender que se podía vivir de una forma diferente. Con este libro quiero mostrarte precisamente eso: existe una forma de vivir diferente. Estoy convencida de que si una por una nos atrevemos a pensar distinto, a cuestionar esta forma de vivir acelerada y demandante, entonces podemos aportar para construir un mundo en donde podamos ser mamás menos perfectas, mujeres más plenas y mamás más presentes.

Mi intención con este libro no es que se convierta en otro manual de crianza o "maternidad exitosa", un manual de aquellos que prometen que en cinco pasos podrás ser la mejor mamá para tus hijos. Creo que hemos tenido ya suficiente de tantos manuales que nos han dejado exhaustas, tratando de seguir fórmulas infalibles para alcanzar una perfección que es imposible de alcanzar.

Mi intención con este libro es que se convierta en una cita contigo misma: un espacio de reflexión y crecimiento.

Que te sientas acompañada y puedas aprender y aplicar diferentes principios, prácticas y herramientas que a mí me han funcionado muy bien, pero no por eso son infalibles. Tendrás que probar, intentar, y adaptarlas a tu vida y a tu dinámica familiar. Tómate el tiempo que necesites para completar cada uno de los ejercicios de reflexión que encontrarás al final de cada capítulo, pero recuerda: no existen fórmulas mágicas, caminos "expres", o soluciones "one size fits all".

Este es un camino muy tuyo y de tu familia, un camino que tendrás que recorrer día a día, y quiero que sepas que yo también estoy recorriendolo contigo, porque este no es un camino que tiene un final, es un camino de crecimiento continuo que debes transitar con paciencia, amor y dedicación.

¡Bienvenida a este espacio! A esta comunidad de mujeres que queremos ser mamás menos perfectas y más presentes. Aquí hablaremos sobre la importancia de aceptar y adap- tarnos a ese proceso de transformación (la maternidad), a cuestionar y liberarnos de esos mensajes de perfección y valor que el mundo nos ha mandado, sobre la importancia de construir una vida con propósito, sobre la importancia de planear, priorizar, poner límites sanos, pedir ayuda, aligerar cargas, manejar nuestro tiempo y energía y, finalmente, di- señar con intención una vida que nos permita ser mujeres plenas, pero, sobre todo, mamás presentes. Espero con este libro poder acompañarte en este camino. De corazón de mamá a corazón de mamá,

Ana Giraldo

No podemos dar a nuestros hijos aquello que no tenemos. El punto en que nos encontremos en este viaje de aprender a vivir y amar con todo nuestro ser, es mejor predictor de una crianza exitosa de lo que puede llegar a ser cualquier enseñanza de un manual de crianza.

Brené Brown

CAPÍTULO 1

ENTENDIENDO NUESTRO PROCESO DE TRANSFORMACIÓN

Como papás tenemos la gran oportunidad de moldear el futuro material, emocional y espiritual de nuestros hijos. La única manera de lograr esto es tener las ganas de transformarnos emocional y espiritualmente nosotros mismos.
Dr. Shefali

Aunque no conozco los detalles de tu camino hacia la maternidad y no puedo asegurar si fue corto o largo, fácil o difícil, lo que sí me atrevería a decir es que fue impredecible.

En mi caso, y en el de muchas otras mamás con las que hablé para la escritura de este libro, lo fue. Pensamos que podríamos planear nuestra maternidad como lo hacíamos con nuestras reuniones y calendarios de trabajo. Si empiezo en el mes uno, con "X" intentos, perfectamente coordinados con la ocupada agenda de trabajo y viajes nuestra y de nuestra pareja, más o menos en el mes "Y" seré madre. Luego tomó "Z" meses de licencia, contrato a la mejor niñera y todo se desenvolverá de acuerdo con mis expectativas.

Espero que acá puedas parar por un momento, respirar un poco conmigo y darte cuenta de cómo nuestras expectativas nos juegan en contra desde el principio del principio. Inclusive antes de convertirnos en madres por primera vez.

En mi caso personal, esperaba que mi embarazo llegara aproximadamente entre seis meses y un año después de empezar la búsqueda y el bebé aproximadamente después de dos años de matrimonio. La realidad: el año de búsqueda se redujo a un mes y nuestro primer aniversario coincidió con la segunda semana de vida de nuestra querida hija Martina. Agradezco inmensamente a la vida por no haber tenido que enfrentarme a la ansiedad que viene con una larga espera, pero también reconozco que en el momento sentí mucho miedo porque todo había sido más rápido de lo que esperaba. Recuerdo perfecto ese instante en que vi las dos rayitas aparecer en ese palito blanco. Lloré de emoción, claro, pero también de miedo: ¿Estaba lista para ser mamá? ¿Era realmente consciente de lo que implicaba este nuevo reto? ¿Y mi trabajo? ¿Y ese viaje que tanto había planeado? ¿Y mis primeros años de vida sin hijos con mi esposo? Ese fue mi primer encuentro con la realidad: en ese momento me di cuenta de que no podía controlar la maternidad como lo había hecho con tantas otras cosas en mi vida.

Sea cual sea tu historia, lo más probable es que, como la mía, no haya sido exactamente como esperabas, y si la primera lo fue, muy probablemente la segunda o la tercera fueron todo menos lo que esperabas: esa es la maternidad, impredecible e imperfecta, pero maravillosa.

Después de ese impredecible aterrizaje a la maravillosa aventura de la maternidad, viene el momento de la verdad: ese instante inolvidable en el que recibimos a nuestro hijo en brazos. Ese momento en que nacemos a una nueva versión de nosotras mismas: nuestra versión mamá.

Renacemos para convertirnos en una versión de mujer que ya no piensa principalmente en ella misma, cuya vida ya no gira en torno a gustos, necesidades, sueños y metas propias, sino a aquellas de una familia. Renacemos a una versión de mujer que por mucho que se esfuerce ya no puede controlarlo todo como lo hacía antes, sobre todo cuando se trata de su tiempo y sus espacios.

Durante la etapa de espera de nuestro primer hijo nos bombardean con información sobre cómo hacernos cargo de ese bebé cuando lo tengamos en brazos. Nos enseñan cómo cuidarlo, cómo alimentarlo, cómo acompañarlo durante cada etapa y ayudarlo a convertirse en un niño sano y fuerte. Pero poco o nada nos enseñan sobre cómo hacernos cargo de nosotras mismas. Nos preparan para ser mamás y para cui- dar de otro, pero no nos preparan para cuidar de nosotras. Tampoco nos dicen que bajo ninguna circunstancia debemos navegar esta etapa solas (o sintiéndonos solas). Nos venden el cuento de que somos "súper mujeres" y que así como siempre hemos podido con todo, con esto también podremos, pero no nos dicen que habrá momentos en que nos vamos a sentir perdidas y cansadas, inclusive derrotadas, y que entonces será justo y necesario pedir ayuda.

Nuestro bebé recién nacido necesita tiempo, acompañamiento y cuidado para crecer sano y fuerte. Eso mismo, exactamente eso mismo, es lo que necesitamos nosotras para convertirnos en esa nueva versión de mujer: la versión mamá.

Entendiendo nuestro proceso de transformación

El cambio que experimentamos al convertirnos en madres es el más fuerte que atravesamos las mujeres en nuestra vida adulta (después de la adolescencia). A esta etapa de transformación se le llama Matrescencia. Este término fue acuñado en 2008 por la psicóloga Aurelie Athan para hacer referencia a la profunda transformación que conlleva la maternidad. Sin embargo, aún hoy, en pleno 2023, poco se habla sobre esto.

La psiquiatra estadounidense Alexandra Sacks ha sido una de las pioneras en la investigación de la matrescensia:

"Creemos que conocemos todos los cambios que vienen con el embarazo y la maternidad: Ganamos peso, se nos hinchan los pies, tenemos que ir al baño frecuentemente, pero la realidad es que los cambios son mucho más abstractos e intensos que estos. La maternidad es uno de los eventos más transformadores que puede atravesar un ser humano, y los cambios profundos en el cuerpo no son solo físicos. Una cantidad de hormonas extrañas estarán circulando por tus venas. Tu rol en la familia cambiará, al igual que tu relación con tu pareja y con tus padres, así como la manera en que te percibe la sociedad. Aunque es un camino retador, los manuales son escasos".

Durante varios años la doctora Sacks recibió en su consultorio a nuevas madres que llegaban buscando su ayuda porque se sentían deprimidas, ansiosas y/o culpables, ya que su experiencia al convertirse en madres no se estaba desenvolviendo de la manera en que ellas lo esperaban (sí, así como en las lindas y perfectas propagandas de Johnson & Johnson). Después de acompañar a miles de ellas en sus procesos, la doctora Sacks se dio cuenta de que la mayoría de estas mujeres no estaban experimentando una depresión posparto clínica, simplemente estaban pasando por la matrescencia: el proceso de cambio que experimentamos las mujeres cuando nos convertimos en madres, un proceso de cambio hormonal, físico y emocional, totalmente natural y similar al de la adolescencia, pero del cual se habla muy poco.

El mayor problema de estas nuevas madres no eran sus subidas y bajadas emocionales, sino la culpa que experimentaban por sentirse así: ¿Acaso eran las únicas a quienes les estaba pasando esto? ¡Pues no! Pero en un mundo en donde nos cuesta hablar de imperfecciones y mostrarnos vulnerables, incluso cuando se trata de algo tan natural, pero impredecible como la maternidad, este es el precio que terminamos pagando. Sentirnos solas y culpables por no estar llevando la maternidad como en las propagandas perfectas de televisión.

Te imaginas: ¿Un cambio de esta magnitud (físico y emocional) al que se le sume la responsabilidad de proteger, lactar y sacar adelante a un ser humano totalmente indefenso, sabiendo muy poco (o nada) sobre cómo hacerlo y con pocas, muy pocas, horas de sueño?

Básicamente estamos hablando de una "adolescente" con cambios emocionales fuertes y MUY trasnochada encargada de alimentar y cuidar un bebé 24/7, sin ningún tipo de entrenamiento o experiencia.

¡Nada fácil! Te propongo algo: para acá, respira y date un gran abrazo.

Te lo mereces. En realidad te mereces mucho más que eso. Después del abrazo, sigamos...

No solo se trata de un cambio a nivel hormonal o físico, se trata de cambios mucho más profundos.

Por eso es importantísimo que no solo recibamos el apoyo que necesitamos, sino también que hablemos sincera y abiertamente entre nosotras y con nuestro entorno acerca de esta etapa y lo retadora que puede llegar a ser.

Aunque los cambios perceptibles en nuestro cuerpo físico no son nada despreciables, creo que lo más importante es que hablemos y reconozcamos esos cambios que ante el mundo (e inclusive ante nosotras mismas) son menos visibles: los que ocurren cuando pasamos de ser mujeres totalmente independientes (y seamos sinceras, algo egoístas) a pasar a ser las madres y guías de pequeños seres humanos

que, sobre todo en sus primeros meses, dependen 100 % de nosotras.

Se trata de aceptar y honrar esa transformación que sí o sí debe ocurrir cuando entendemos que si decidimos conscientemente traer a otro ser humano a este mundo, debemos asumir el reto con entera responsabilidad y asumir que de ninguna manera podrá ser algo temporal: Es una responsabilidad que tenemos que asumir para el resto de nuestra vida.

Este no es cualquier proceso de transformación. Es la transformación quizás más grande que atravesaremos en nuestra vida y uno de los grandes retos que trae consigo es el dejarnos algo confundidas teniendo que navegar constantemente entre "dos mundos". Algo así como vivir en medio de una guerra interna, un tire y afloje constante entre nuestra vida de antes (y a una idea de nosotras a la que muy probablemente estábamos muy aferradas), y nuestra nueva vida.

Un tire y afloje entre nuestra nueva versión de mujer con ese instinto maternal que la impulsa a querer cuidar y entregarle todo a otro, y la vieja versión: esa mujer independiente y guerrera en la que nos habíamos convertido con esfuerzo y dedicación. Esa mujer que además de ser mamá tiene un montón de talentos, pasiones y sueños propios que no quieren ser ignorados.

Recuerdo cuando mi hija tenía unos siete meses y se enfermó por primera vez. Empezó con una fiebre de 40 grados que no le bajaba. Como mamá primeriza entré en pánico, pues ni los remedios, ni los baños fríos, ni las pócimas de la abuelita lograron bajarle la fiebre. Y así transcurrieron tres días hasta que la fiebre cedió, se brotó de pies a cabeza y entonces supimos que lo que tenía era roséola y que pronto iba a pasar.

Yo, trasnochada, confundida y un poco perdida, solo añoraba volver a ser esa versión de mujer de "antes": la que siempre lo tenía todo bajo control, la que dormía las noches completas, la que controlaba sus horarios, su tiempo y sus espacios. Hoy miro hacia atrás y pienso en lo diferente que hubiera sido mi experiencia si hubiera sabido todo esto que se hoy acerca de este proceso de transformación. Segura- mente habría sido más compasiva conmigo misma y, por lo tanto, habría estado más abierta a pedir y recibir ayuda de las personas a mi alrededor.

Una de las cosas más maravillosas de haber escrito este libro que hoy tienes en tus manos, es el haber tenido el privilegio de escuchar a tantas madres con historias tan diferentes y que desde su vulnerabilidad compartieron conmigo los retos que había traído para ellas esta transformación de la maternidad. Gracias a estas conversaciones profundas, pude darme cuenta de que todas teníamos algo en común: todas, absolutamente todas, pasamos por este proceso de transformación y, aunque cada una tenga una historia distinta, todas nos sentimos perdidas, solas y asustadas más de una vez en medio de este intenso proceso.

Gracias a este libro y a esas conversaciones profundas con otras madres, entendí que nunca estuve sola. Hoy quiero que tú sepas eso: tú tampoco estás sola. La maternidad nos cambia para siempre, mucho más de lo que nos imaginamos, pero por retador que sea, no tenemos porqué sentirnos solas y perdidas en medio de algo que es tan natural y tan propio de nuestra experiencia como mujeres.

Hablar abiertamente sobre la matrescencia (mi computador insiste en corregirme esta palabra porque ni siquiera hace parte de su diccionario...), de ese proceso de transformación que todas vivimos al convertirnos en madres, y que nos hace vivir en constante ambivalencia entre nuestro yo de antes y nuestro yo de ahora, es un primer paso importante, algo que nos ayudaría a todas para vivir una transición más compasiva (tanto con nosotras mismas como con todas las madres a nuestro alrededor) y buscar y recibir el apoyo que necesitamos (puedes encontrar la charla TED de la Doctora sacks en Youtube como: "A new way to think about the transition to motherhood")

REAJUSTANDO NUESTRAS EXPECTATIVAS

Siempre quise ser mamá y amo serlo, es lo mejor que me ha pasado en la vida, pero siento que me enfrenté a un mundo desconocido de cambios y a la vez a una montaña de expectativas que no me permitieron equivocarme, aprender y ser más compasiva conmigo misma. En vez de darme el tiempo para convertirme en esa nueva versión de mamá, me convencí a mí misma de que tenía que enfrentar esto como la súper mujer que era y tenía que lograrlo rápido y sin ayuda. Me dejé presionar por una montaña de expectativas externas que al final no me permitieron disfrutar (sin culpa) de esta linda, pero impredecible experiencia, que había sido el convertirme en madre.

Uno de los grandes problemas a los que nos enfrentamos cuando nos convertimos en madres, proviene de esa montaña de expectativas externas. Nos venden la idea de que todo en esta etapa debería ser color de rosa, empezando por la lactancia (oh sí, la lactancia, ese proceso "natural y fluido" que para algunas mujeres, como para mí, se convierte en una tarea difícil y todo menos natural o fluida). Nos venden la idea de que esta etapa es tan maravillosa que sería cruel e inhumano llegar a sentir ese impulso de recuperar lo que éramos "antes de". Y entonces es cuando llega la culpa y empezamos a sentir que hay algo mal con nosotras o que simplemente nos equivocamos al elegir este camino. La CULPA, esa sombra que insiste en acompañarnos día y noche a nosotras las madres.

Paremos acá y hablemos de la culpa: ¿Sabes cuál es la definición de culpa? Es el *gap* que existe entre las expectativas y lo que podemos lograr de manera REALISTA.

TIP: Ahora cada vez que sientas culpa, deja de darte duro y más bien para y revisa las expectativas.

Estoy convencida de que el primer paso que tenemos que dar para hacer más amable este proceso de transformación de la maternidad es ajustar nuestras expectativas, entender que no existe tal cosa como una maternidad predecible o perfecta, no existe lo que tanto nos han vendido como la **"maternidad ideal"**.

En medio de mi proceso de investigación para escribir este libro me encontré con un *paper* titulado *Transformaciones Histórico Culturales del Concepto de Maternidad y sus Repercusiones en la Identidad de la Mujer*. Este texto habla sobre la evolución de la maternidad a lo largo de la historia y cómo esto ha influenciado la vida de las mujeres. No se imaginan la sorpresa que me llevé al leerlo. Conocer esta historia me permitió ver las cosas desde otra perspectiva y cuestionar los estándares actuales de "la mamá ideal del siglo XXI" (Te invito a leer un aparte de esta historia en el Anexo 1 al final de este libro ¡Es fascinante!).

A través de la historia la maternidad ha pasado por todos los extremos. Desde empezar siendo una tarea que era completamente tercerizada, donde los hijos eran considerados demonios o esclavos de la familia, hasta llegar a convertirse en lo que es hoy, una tarea intensiva que recae fuertemente sobre la mujer (me temo que si no le damos la vuelta a esto pronto, las esclavas terminaremos siendo nosotras).

Conocer esta historia me puso a pensar mucho sobre la manera en que nos acostumbramos, absorbemos y aceptamos las reglas de la sociedad y la época en que vivimos. Olvidamos que antes de nosotros existieron formas distintas y "aceptadas" de vivir y de ser mamás. Y entonces me surgió esta pregunta: ¿Qué tal si la manera actual en que se espera que seamos buenas mamás no es necesariamente la

más sana? Seguramente no querremos volver a la época en donde los hijos eran considerados demonios o esclavos (por favor no), pero creo que sí podemos cuestionar un poco los estándares de la maternidad intensiva de la era moderna.

Ese modelo de maternidad intensiva que pone sobre las mujeres la responsabilidad de ser una "mamá ideal": Aquella que es responsable de criar hijos casi perfectos. Aquella que les cocina almuerzos y comidas frescas y saludables todos los días, aquella que les lleva el calendario al día y siempre sabe cuándo son cada uno de los eventos del jardín o colegio, aquella que manda a sus hijos con el mejor y más elaborado atuendo/disfraz, les hace peinados tipo Pinterest, les arma loncheras 100 % orgánicas, los tiene inscritos en por lo menos cuatro actividades extracurriculares a la semana, los lleva a ene mil terapias y refuerzos para asegurar que nunca vayan a quedarse atrás de los demás niños, los lleva a todas las fiestas (con su mejor pinta y el regalo perfecto), los lleva al odontólogo desde que tienen un año, ¡Ah! Y les lava los dientes por lo menos dos veces al día y sin olvidar pasarles la seda dental por cada uno de sus pequeños dientes ¡Uf no! de verdad ya me cansé de solo escribir esto.

¿Qué agotador, no? ¿Quién podría vivir en equilibrio y ser una mamá realmente presente con tantas expectativas sobre sus hombros?

Cuando pienso en todas esas expectativas que existen y todos esos estándares de perfección me sirve recordar las generaciones anteriores a nosotros. Pienso en mis papás o en mis abuelos que tuvieron once y ocho hijos. Ellos no crecieron con estos ideales de maternidad/paternidad intensiva. Y sí , yo sé, eran épocas muy distintas y la "competencia" cuando los nuestros crezcan será mucho más intensa, hay que prepararlos para el futuro. Sí, lo entiendo. Pero seamos sinceros: ¿Es realmente necesario todo esto? ¿No podríamos revisarlo y cuestionarlo para que todos podamos ser un poco más humanos, podamos hacer menos y vivir más?

Yo sé que no es fácil. No es fácil porque los seres humanos somos seres sociales y queremos pertenecer, queremos sentirnos parte de la sociedad, de nuestra comunidad y del círculo de mamás perfectas (y, por supuesto, que nuestros hijos sean parte del círculo de niños perfectos). Nos cuesta mucho escapar de los estándares, del deber ser según nuestro entorno y terminamos todas atrapadas en este círculo vicioso, en este modo de vivir y criar a nuestros hijos. Brené Brown, una de mis autoras e investigadoras favoritas, ha estudiado mucho este fenómeno de querer encajar en lugar, de aprender a pertenecer siendo nosotros mismos. A través de sus estudios con miles de personas, Brené encontró que una de las barreras más grandes para vivir una vida más plena (lo cual tiene que ver todo con vivir una maternidad más plena y presente) es el estar constantemente tratando

de encajar en lugar de aprender a abrazarnos como somos y pertenecer así. ¿Se imaginan un mundo en donde como mujeres y ma- más imperfectas todas podamos pertenecer?

¿Les ha pasado que están en algún lugar público y, de repente, se sienten observadas por otras mamás y cambian de alguna manera la forma en que manejan alguna situación (o pataleta) con sus hijos? Bueno, a mí sí. Antes no era tan consciente de esto, pero cuando empecé con este trabajo de autoconocimiento y autoobservación fue más notorio para mí. Y creo no estar sola en esto: nos cuesta mucho ser nosotras mismas hasta en nuestro rol de madre, porque nos pesa mucho la necesidad de encajar. Y es ahí donde la perfección, los mensajes del entorno y el "qué dirán" nos juegan una pésima pasada. Nos alejan de la versión de mamá auténtica, amorosa, vulnerable y presente que todas podemos llegar a ser. Lo más triste es que no solo nos afecta a nosotras, sino a las mamás alrededor nuestro, porque así como somos poco compasivas con nosotras mismas, somos poco compasivas con las mamás a nuestro alrededor.

Este modelo de maternidad ideal tiene otro lado muy peligroso y es que nos lleva a creer, y de paso convencernos, de que somos nosotras, las madres, quienes lo hacemos "mejor" (no hay nadie como la mamá, dicen por ahí). Y entonces consciente o inconscientemente terminamos absorbiendo una cantidad de tareas que otras personas en nuestra vida (papás, abuelos, tíos, niñeras) podrían hacer perfectamente. No estoy hablando de educar y acompañar con presencia a nuestros hijos, esa tarea no debería ser tercerizada a nadie a menos que haya un evento de fuerza mayor. Hablo de esas tareas del día a día que, aunque parezcan irrelevantes, nos agotan (sobre todo cuando no están haciendo uso de nuestras fortalezas, un ejemplo de esto en mi caso es la tarea de peinar a mis hijas: no es mi fuerte, no me gusta y no agrego ningún valor ahí. He dicho). Absorbemos una cantidad de tareas porque sentimos que solo si las hacemos nosotras van a quedar bien hechas o, peor aún, porque: ¿Qué dirían los demás si yo no soy quien hago "X" por mi hija/o? El problema con esto es que terminamos agotadas y preguntándonos el porqué al final del día nos cuesta tanto respirar, ser pacientes y estar presentes con nuestros hijos (más sobre esto en el capítulo 4).

Este ideal de mamá que lo hace todo, lo controla todo y lo puede todo 24/7 es algo que nos hace mucho daño a todas. Básicamente no nos deja otra opción que escoger entre mundos irreconciliables: ser la mamá perfecta o la profesional dedicada, ser la mamá perfecta o una mujer con sueños y pasiones propias. No hay medios, no hay opciones, no hay grises.

¿Cómo no terminar todas viviendo con una sensación de constante frustración? ¿Cómo no terminar irritadas y enfrentadas unas a otras?
Las que trabajan fuera de casa se sienten culpables y son juzgadas por no ser suficientemente buenas madres, las que renuncian a su trabajo terminan dándolo todo (y muchas veces sacrificando mucho más de la cuenta) y terminan siendo juzgadas por su falta de ambición profesional.

Cuando pienso en todo esto, recuerdo la metáfora de la pecera desarrollada por Sophie Brock, socióloga y P.H.D en estudios sobre Maternidad:

Imagina que las mamás somos los pescados y el vidrio de la pecera son todas esas expectativas de perfección externas, lo que se espera de una mamá, las expectativas de la sociedad, nuestra familia, nuestras parejas, etcétera.

EXPECTATIVAS DE PERFECCIÓN

Vivimos intentando criar a nuestros hijos de acuerdo con esas reglas o expectativas que no nos permiten ver más allá. Estamos tan atrapadas dentro de ese vidrio que no nos damos cuenta de que con un simple salto podemos acceder al mar: Un mar lleno de infinitas maneras de ser mamás, imperfectas, sí, pero ante todo libres, auténticas, amorosas y presentes.

MAR DE POSIBILIDADES

Te invito a que pares acá y pienses por un momento: ¿Cómo se ve tu pecera? ¿Cuáles son esas expectativas que heredaste o que absorbiste con respecto a la maternidad? Atrévete a cuestionarlas y pregúntate: ¿Qué es lo verdaderamente importante PARA TI?

Para ser una mamá más presente, debes ser valiente y vulnerable y atreverte a saltar de tu pecera hacia el mar. Es altamente probable que otros peces dentro de tu pecera, así como otros espectadores alrededor de tu pecera, te juzguen por querer hacerlo de una manera más auténtica y probablemente diferente a lo que "es esperado". Es parte inevitable del proceso, pero te prometo que vale la pena porque ahí afuera existe un mar de posibilidades de ser una mamá presente, no perfecta.

APRENDIENDO A SER MAMÁS IMPERFECTAMENTE PRESENTES

La transformación en la maternidad nos presenta un reto complejo: el de lograr un equilibrio sano entre nuestro nuevo rol de madres y nuestra vida como mujeres y profesionales.

Hoy en día estoy convencida de que encontrar este equilibrio es posible, pero solo si entendemos muy bien lo que queremos y dejamos de vivir tanto de acuerdo a expectativas externas. Pensar en tenerlo todo es una utopía, tener todo aquello que es importante para nosotras y con expectativas realistas, es completamente posible.

Yo siempre quise ser mamá y quería ser la mamá presente, dedicada y ama de casa perfecta que había sido mi mamá. Con esos altos estándares en mente, pensé que renunciar a mi trabajo corporativo sería la única manera de lograr ese nivel de perfección que quería alcanzar, sobre todo en la maternidad. Y eso fue lo que hice. En septiembre de 2015 renuncié al trabajo corporativo en el que había estado durante casi cinco años. Un trabajo con un salario estable y que seguramente con más tiempo y dedicación me brindaría oportunidades de crecer y ascender dentro de la organización.

El problema es que muy pronto me di cuenta de que estaba dejando de lado una parte demasiado importante para mí: mis sueños y proyectos profesionales. Esto me estaba generando mucha frustración por no estar creciendo como persona y profesional; y no solo eso, también me generaba mucho sentimiento de culpa: ¿Cómo podía ser posible que me sintiera así de insatisfecha si tenía el privilegio de estar con mi hija? Mejor dicho, con todas esas expectativas de perfección, para mí no había forma de sentirme plena y feliz. Cuando me convertí en mamá pensé que la única forma de ser la mamá presente que quería ser era renunciar a ciertas cosas en mi vida (a pesar de que fueran importantes para mí), cuando lo que realmente necesitaba era renunciar a tantas expectativas externas. Hoy en día entiendo que la solución no estaba en renunciar a nada a lo que no quisiera renunciar, estaba en dejar de empujar tanto para ser perfecta. La solución estaba en entender este proceso de transformación por el que estaba pasando, soltar tantas expectativas que no eran realistas y aprender a ser más humana, más vulnerable, más compasiva conmigo misma y con los demás.

Cuando hablo de ser una mamá presente no me refiero a la cantidad de horas que estás con tus hijos, ni mucho menos a que estés con ellos 24/7, esa vendría siendo la versión "perfecta de mamá presente", y aquí no queremos eso. A lo

largo de este libro y este proceso, buscaremos ser imperfectamente presentes.

¿Y QUÉ QUIEREDECIR ESO?

Que cuando estemos con nuestros hijos vamos a intentar estar con ellos, de cuerpo y alma, con ojos, oídos y todo nuestro cuerpo presente. Que aprenderemos a escucharlos atentamente, mirándolos a los ojos, a conectarnos con ellos de manera profunda y a acompañarlos desde ese lugar de presencia y profundidad, pero también desde la imperfección y la vulnerabilidad.

Ser mamás imperfectamente presentes quiere decir que buscaremos y crearemos con intención un estilo de vida que nos permita tener estos espacios profundos de presencia con nuestros hijos. Y, sí, esto incluye cortar o eliminar de nuestra vida actividades que nos drenen y nos impidan dedicarle el tiempo suficiente a ellos.

Ser mamás imperfectamente presentes implica que seguramente habrá días buenos, pero también días malos: días extremadamente retadores, en los que pasarán cosas inesperadas y sentiremos que no podemos con todo y que probablemente estallemos, pero entonces seremos capaces de pausar, respirar, reconocer, reparar (decir lo siento) y reconectarnos con ellos desde la vulnerabilidad y la presencia.

Ser una mamá imperfectamente presente no es lo mismo que ser una mamá que le soluciona todo a sus hijos o evita que se equivoquen, fracasen o enfrenten obstáculos o decepciones, es ser una mamá que los acompaña a construir resiliencia emocional y les brinda herramientas para navegar la vida con todas sus dificultades y sus retos.

De acuerdo con Daniel Siegel, psiquiatra y autor del libro *El poder de la presencia*, una madre (o cuidador) presente es mucho más que aquel que está físicamente ahí:

Creo que la mejor definición de mamá presente que te puedo dar es la que aprendí por experiencia propia y que quiero compartir contigo a través de la siguiente historia:

En enero del 2022 hice mi primer retiro de *mindfulness* en silencio. El primer día, después de varias sesiones de meditación, nos pidieron hacer un ejercicio: Debíamos caminar por el salón hasta toparnos con alguno de nuestros compañeros (a los cuales poco o nada conocía, pues habíamos llegado al retiro la noche anterior y desde la segunda hora habíamos entrado en silencio permanente). Al toparnos con alguien, debíamos parar, mirarnos a los ojos, y desearles algo que sintiéramos que necesitaba esa persona (sin hablar). Al principio este ejercicio me pareció extremadamente incómodo, me costaba muchísimo mirar a un desconocido a los ojos de manera sostenida, pero, más que eso, me costaba dejar que me vieran a mí, o más bien que vieran "a través mío". Después de hacer el ejercicio con varios compañeros, me topé con el maestro del retiro, una persona que, claramente, a través de su práctica de muchos años, sabe cómo estar presente para otra persona de una manera muy profunda, y que es hasta difícil de des- cribir. En el instante en el que me topé con él, sentí que me estaba escuchando sin que yo tuviera que modular una sola palabra. Su mirada y su presencia me llenaron de paz. Es difícil expresar con palabras lo que sentí en ese instante, y en los instantes que le siguieron a ese, pues al encontrarme con otras personas, viví experiencias muy similares. Esos peque- ños momentos fueron para mí una oportunidad de intenso aprendizaje. Entendí lo fácil que podía ser pasar por la vida corriendo y de manera superficial y lo difícil que era parar, respirar, mirar a otra persona a los ojos y estar verdaderamente presente con ella: sin juzgar, sin criticar, sin hablar, sin sermonear. Simplemente estar presente para esa persona.

Esos instantes me ayudaron a entender el verdadero significado de estar presente, y no, no tiene que ver con estar o hablar durante horas con una persona, sino de estar ahí para ella, en cuerpo y alma, en el momento presente. ¿Si algo tan profundo podía pasar con personas desconocidas, como sería el impacto de practicar este tipo de presencia con alguien tan importante en nuestra vida como lo son nuestros hijos?

Con esto no quiero dejarte la idea de que para ser una mamá más presente tienes que irte a un retiro de meditación, aislarte durante semanas, o mucho menos irte a un monasterio en India (mi retiro fue de dos días a tan solo una hora y media de mi casa, así que si puedes encontrar algo así, te lo recomiendo a ojo cerrado). El mensaje que quiero dejarte con esto es el de la importancia de buscar este tipo de espacios de reflexión en tu vida, de cultivar tu atención plena. Estos espacios en silencio, en pausa, contigo misma, te van a permitir revaluar tu ritmo de vida, reconectar contigo misma y empezar a vivir de manera más consciente y plena. Empezar a identificar las cosas que sobran en tu vida, las que te sirven y las que no, y sobre todo aquellas que no te van a permitir ser una mamá verdaderamente presente. Nuestra vida moderna es demasiado acelerada y llena de ruido, estamos conectados a la tecnología y al trabajo mucho tiempo y se nos olvida que es importante hacer espacio para reflexionar y redireccionar nuestra vida y nuestra manera de enfrentarnos a la retadora, pero importante tarea de ser mamás.

Ser mamás presentes implica estar dispuestas a crecer y transformarnos para ser personas más conscientes, logrando enfocar nuestra atención en lo realmente importante.

Normalmente pensamos en la responsabilidad de ser madres como la tarea de criar "correctamente" a nuestros hijos, pero creo sinceramente que la mayor responsabilidad que tenemos es la de convertirnos en la madre que cada uno de nuestros hijos necesita. Digo cada uno, porque cada uno de nuestros hijos es un ser único y, por lo tanto, nuestra relación con cada uno es diferente y nos enfrenta a retos/ necesidades distintas.

La gran responsabilidad, entonces, está en reconocer y utilizar nuestras fortalezas, pero sobre todo en reconocer y aceptar nuestras debilidades, nuestras sombras, nuestras heridas del pasado y convertirlas en oportunidades de crecimiento, en oportunidades para lograr ser una versión más consciente y presente de nosotras mismas, y acompañar a cada uno de nuestros hijos desde ahí.

Pensamos que tenemos el poder de criar a nuestros hijos, cuando la realidad es que nuestros hijos tienen el poder de convertirnos a nosotros en los padres que ellos necesitan.

Shefali Tsabary

Ser mamá es una gran responsabilidad, pero no por eso debería absorber nuestra vida entera y todas nuestras horas en este planeta. Ser mamás menos ideales y más presentes no implica volvernos mediocres o peor aún olvidarnos de nuestras ambiciones. Antes de ser mamás somos mujeres y es importante que sigamos invirtiendo en nosotras y en nuestros sueños. Por eso es tan importante que aterricemos las expectativas y definamos bien nuestras prioridades.

Nuestros hijos no necesitan una mamá chófer, chef, nutricionista, psiquiatra, tutor de tareas y entretenedora 24/7, sobre todo si esto nos agota tanto que termina robándose el tiempo y la claridad mental que necesitamos para ser mujeres plenas y presentes. Nuestros hijos no necesitan mamás perfectas, siempre peinadas, con *manicure* y *pedicure*, dos cargos, cinco diplomas, tres idiomas y empujando 24/7. Necesitan mamás (y papás) plenos y presentes que puedan ayudarles a navegar la vida, conocerse, amarse y crecer sanos y seguros (aquí menciono a los papás porque aunque este libro es para ti, mamá, creo que si tu hijo tiene un papá, esta es una tarea de ambos, pero en el cuarto capítulo hablare- mos sobre esto).

Nuestros hijos necesitan que aprendamos a soltar la necesidad de hacer y controlar todo y aprendamos a fluir más para conectarnos con ellos desde un lugar de consciencia y presencia pura para reconocer las personas únicas que son, para permitir que su espíritu se desarrolle libremente, sin necesidad de estar bajo nuestro dominio.

Para nuestros hijos es sumamente beneficioso vernos navegar la vida como seres humanos comunes y corrientes, que se equivocan, son vulnerables y son todo menos perfectos. A través de nuestro ejemplo ellos pueden aprender a vivir de la misma manera.

Para algunas de nosotras este proceso de transformación toma años, para otros es casi inmediato. No importa, cada una de nosotras tiene sus ritmos y sus tiempos. Lo importante es aprovechar este lindo proceso de transformación que nos presenta la maternidad para crecer y ser más conscientes. Un día a la vez.

Durante mis primeros años de ser mamá, yo lo intenté todo para ser una mamá más presente. Después de renunciar, empecé a tomar cursos de Marketing Digital y a trabajar medio tiempo como consultora de *marketing* independiente. Dedicaba mis mañanas a mi negocio de consultoría y las tardes a estar con mi hija. El ser independiente me permi- tió manejar mi tiempo y estar muy cerca, algo por lo que siempre estaré infinitamente agradecida, pero si soy sincera, en muchos momentos, aunque estaba ahí, no estaba 100 % presente. Frecuentemente estaba pensando en mi lista interminable de pendientes, en cómo iba a conseguir el próximo cliente, en cuál sería el próximo curso que iba a tomar para sentirme que estaba haciendo algo útil con mi tiempo. A pesar de que hacía mucho terminaba cada día con un sentimiento de frustración: ¿Qué hice hoy? No logré tachar ni la mitad de los pendientes en mi lista interminable e igual me siento agotada.

A pesar de este y otros intentos de ser una mamá presente (de los que te contaré más adelante) seguía sintiéndome frustrada. Me costaba demasiado reconocer que mi valor no estaba en cumplir logros, ni expectativas de otros, mi valor estaba en cumplir los logros que eran verdaderamente importantes para mí. Después de un proceso largo y de mucha reflexión, hoy miro hacia atrás y entiendo que gran parte de mi problema estuvo en querer ser (y parecer ante los demás) una mujer y una mamá ideal, en vez de tener más compasión conmigo misma y darme el tiempo y el espacio para re-conocer a esa nueva mujer que había nacido en ese mismo instante en el que había nacido mi hija.
Lo que realmente necesitaba en ese camino era acompañarme con paciencia, con amor y mucha compasión a convertirme en esa nueva versión de mujer y de mamá humana e imperfecta. Lo que necesitaba para ser una mamá presente y, por ende más consciente, siempre estuvo ahí, pero me

costaba verlo y entenderlo. Y es que no es fácil en un mundo en el que el mensaje es: "tú ve, ten a tu bebé y regresa como si nada hubiera pasado. Dale, que tú eres una "mujer maravilla", sigue empujando porque eres invencible, sigue porque solo así podrás ser exitosa". Qué nivel de presión tan fuerte el que pone sobre nuestros hombros este tipo de mensajes. Cuánto desearía devolverme a ese momento con la sabiduría que tengo hoy, abrazarme y decirme: "todo va a estar bien, todo esto por lo que estás pasando es normal. No tienes que seguir empujando como antes y pretender que no ha pasado "nada"".

Desafortunadamente no tenía ese entendimiento en ese momento, ni pude darme ese abrazo compasivo, entonces lo que hice durante varios años fue seguir empujando.

Vivimos vidas muy aceleradas, vivimos corriendo y muchas de nosotras somos adictas a estar ocupadas. El problema es que cuando ya venimos acostumbradas a vivir así, es difícil frenar cuando nos convertimos en madres, es difícil detenernos para estar más presentes y apreciar cada uno de esos momentos de presencia con nuestros hijos.

Uno de los grandes regalos de la maternidad es que nos invita a estar menos centradas en nosotros mismas, nos invita a ser un poco menos egoístas, a pausar y apreciar la riqueza y la profundidad que puede haber en cada uno de los momentos que compartimos con nuestros hijos.

Un paso importante para ser mamás más presentes es trabajar en nuestra adicción a vivir ocupadas (no es fácil, lo sé y lo digo por experiencia propia), pero es un paso clavepara recorrer este camino. Debemos parar un poco y reflexionar sobre el ritmo acelerado de nuestra vida y preguntarnos si estamos trasladando ese acelere a la vida de nuestros hijos: llenando su vida de actividades, terapias, *play dates*, etcétera.

Al final es más importante que nuestros hijos sientan que son importantes para nosotros (a través de nuestra presencia) y no a través de las diez mil actividades que tenemos coordinadas para ellos. Nuestros hijos necesitan ser valorados, no "manejados". Cuando estamos demasiado ocupadas haciendo cosas por ellos, se nos olvida que lo más importante es simplemente ESTAR con ellos.

La realidad es que es todo menos un camino *expres*. Es un camino que variará en longitud y dificultad de acuerdo a tus circunstancias. Un camino de mucha constancia, pero que vale la pena recorrer. Un camino que empieza por ti. Por aprender a aquietar un poco tu mente, escucharte más para aprender sobre lo que es verdaderamente importante en tu vida y para aprender a vivir de manera más consciente, a responder en vez de reaccionar: a las pataletas de tus hijos, a las demandas y las situaciones inesperadas de la maternidad y de la vida.

Ser una mamá presente se trata de lo que hacemos de adentro hacia afuera y no de esperar que algún día todo encaje y fluya alrededor nuestro para poder serlo. La vida es la vida, impredecible y cambiante, y siempre nos pondrá retos en el camino. Para algunas estos retos son en lo profesional (cargos demandantes, estrés), para otras en la parte personal (divorcios, problemas de pareja, etcétera) y para otras de salud (enfermedades, pérdidas, etcétera). La clave está en dejar de buscar la respuesta afuera.

Ser mamás presentes depende 100 % de nosotras, de vivir menos en automático y más a conciencia. Todo esto es posible si dejamos a un lado esas expectativas de perfección y esos mensajes nocivos del entorno, diseñamos nuestra vida con intención, organizamos mejor nuestro tiempo, repartimos cargas, aprendemos a poner límites y, por último, aprendemos a vivir más desde el ser y cultivamos nuestra atención plena. De todo esto hablaremos durante los próximos capítulos.

¿Qué dices? ¿Te animas a recorrer este camino conmigo?

Mamá real, no perfecta:

Escribe los mensajes implícitos o explícitos que has recibido a lo largo de tu vida sobre lo que significa ser "buena mamá":

¿De qué manera(s) crees que están afectando estos mensajes tus decisiones y lo que sientes acerca de esas decisiones (sentimientos de culpa, angustia, frustración)?

Al reflexionar sobre los puntos anteriores ¿Notas alguna creencia que parezca estar desalineada con lo que realmen- te crees o sientes? ¿Reconoces alguna creencia o comportamiento que se sienta como fuera de línea, que no te esté ayudando a fluir, que te esté frenando, se sienta pesada o que esté creando algún resentimiento? Si es así, anótala aquí.

De acuerdo con la definición de presencia que te di en este capítulo, responde de 1 a 10: ¿Qué tan presente estás con tus hijos en el día a día? Reflexiona sobre tu respuesta y piensa si te sientes cómoda con esto o crees que puedes estar más presente con tus hijos.

CAPÍTULO 2

ESCAPANDO DE CREENCIAS TÓXICAS DEL ENTORNO

Con mi hija mayor ya en el jardín y para demostrarle al mundo que yo era capaz de ser esa mujer invencible, perfecta y ambiciosa, empecé a empujar con todas mis fuerzas para conseguir más clientes, para aprender más, para lograr más… hasta que mi mamá se enfermó gravemente. Y entonces lo único que pude hacer fue acompañarla durante días y noches en una unidad de cuidados intensivos, rezando para que ocurriera un milagro.

Y el milagro ocurrió. Mi mamá volvió a la vida el mismo día de su cumpleaños: junio 3 del 2017. No podía creer lo que estaba pasando. Los médicos tampoco, pues la noche anterior nos habían dicho que debíamos prepararnos para lo peor: mi mamá había estado muy cerca de la muerte. La abracé muy fuerte y me preguntó si estaba embarazada. Le respondí que no, aunque en el fondo quería que fuera verdad, pues llevaba más de siete meses buscando a mi segundo bebé.

Mi mamá tenía razón: Yo sí estaba embarazada, pero aún no lo sabía. Unas tres semanas después de que mi examen saliera positivo, durante un viaje con mi familia, empecé a sangrar. Tuve que regresar para ir de urgencia al doctor y enterarme de que mi bebé no había podido superar las noches sin dormir y el estrés de lo que había pasado en esa unidad de cuidados intensivos.

Dos meses y medio después estaba embarazada de nuevo. Tuve un buen embarazo. Mi hija Antonia nació el 12 de junio del 2018. Una niña de pelo parado y muy activa, a quien le gustaba comer mucho, pero dormir muy poco.

Dos meses después de su nacimiento, trasnochada y agotada, recuerdo estar sentada en la mesa del comedor con mi esposo y decirle: "me cansé de empujar y no poder crecer mi negocio de consultoría, siento que hago de todo y no hago nada bien, voy a conseguir un trabajo". Una vez más me estaba atacando ese mensaje de que no importaba cómo, y así estuviera llevando a cabo la valiosa e increíble labor de cuidar y lactar a mi bebé, tenía que seguir empujando y pro- bando mi valor al mundo.

Mucho más rápido de lo que esperaba, esa oferta de trabajo llegó, con un muy buen salario y una oferta de beneficios que me hicieron sentir que finalmente había llegado lo que necesitaba para sentirme completa.

Pero...¿Por qué, a pesar de tener todo lo que quería, de tener la familia con la que siempre había soñado, me seguía sintiendo incompleta?

Bueno, pues hoy lo entiendo mejor. Hoy miro hacia atrás y entiendo que el problema no estaba del todo en mi cabeza. Hoy entiendo que no era del todo culpa mía sentirme así y quiero que sepas que si en ocasiones también te has sentido así, no debes culparte ni sentirte sola en eso. Es muy difícil navegar un mundo tan exigente donde convertirse en madre es solo una de las mil y una tareas perfectas que debemos cumplir. Es difícil navegar un mundo que es todo menos amigable con nosotras y, sobre todo, con aquellas que decidimos convertirnos en madres por convicción. Se espera que seamos superhéroes en condiciones que son inhumanas. Aunque nuestra intención es la mejor, pues queremos hacer lo mejor por nuestros hijos y a la vez construir una vida plena para nosotras, terminamos enredadas. Terminamos sintiéndonos insatisfechas con uno u otro aspecto de nuestra vida y además agotadas en medio de un mundo de exigencias y mensajes tóxicos de productividad incesante, de éxito y ambición sin medida, un mundo de expectativas de perfeccionismo, donde la vulnerabilidad es un símbolo de debilidad, un mundo patriarcal, creado hace muchos años por hombres para hombres, donde se espera que trabajemos como si no fuéramos madres y seamos madres como si no trabajáramos.

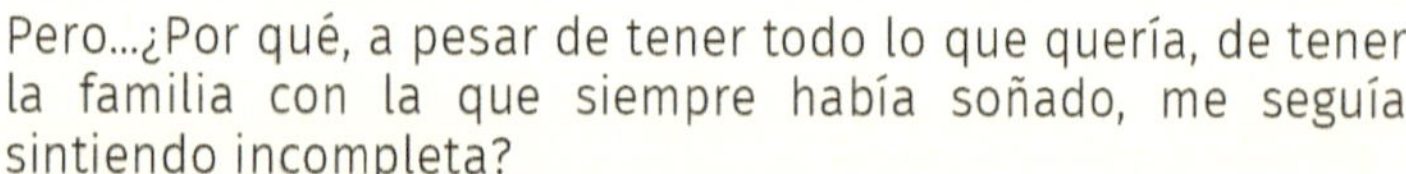

El cambio empieza por nosotras mismas

En medio de mi investigación para este libro, observé a algunas mujeres que para lograr llegar a una posición de poder mantuvieron su maternidad "en el patio de atrás" y otras cuantas que decidieron no ser madres para que esto no se convirtiera en un obstáculo en su intento por competir contra hombres o contra otras mujeres sin hijos. Pero esa no es la salida, la salida no tiene porque ser tener que escoger entre ser madres o profesionales, o peor aún tener que decidir no ser madres por miedo a no poder avanzar en otras áreas importantes de nuestra vida.

Un paso que podemos dar, tú y yo, desde donde estamos hoy, es pararnos y defender con firmeza nuestro rol en la sociedad como mujeres, pero sobre todo como madres. Luchar por reivindicar la importancia de este rol y abrirle paso a otras mujeres que estén pensando en convertirse en madres, para que puedan vivir su maternidad sin miedo, sin tener que renunciar a aquello a lo que no quieran renunciar.

Dejemos de resignarnos y convencernos de que: "No hay nada que hacer porque así es como funciona el mundo y solo si jugamos bajo las reglas actuales de juego, podremos alcanzar la cima". Debemos atrevernos y ser esa voz que cuestiona esos ideales de éxito y es capaz de reemplazarlos por unos que tengan en cuenta el verdadero valor de vivir una vida plena que incluya estar presente con nuestros hijos y dedicarle tiempo a nuestras familias. Esto puede verse de diferentes formas para cada una, pero, por ejemplo, para alguna puede empezar por poner límites sanos a las demandas de ese trabajo que le exige horas extensas a expensas de tiempo con su familia. Para otra puede ser convertirse en esa líder que dentro de su organización defiende los derechos de las madres, es capaz de hablar sinceramente sobre los temas que las afectan y trabaja en pro de mayores oportunidades para ellas. Para otra puede verse como ser ese ejemplo de mujer que se atreve a pausar, esa mujer que es capaz de cumplir metas a su ritmo y demostrar que sí es posible perseguir el éxito y la ambición de una manera diferente, con su familia como prioridad.

En mi caso particular he tratado de ser un agente de cambio desde donde estoy, desde mi casa, con las herramientas y los recursos que tengo. Leyendo, aprendiendo, debatiendo y compartiendo sobre estos temas con gente a mi alrededor. A través de mis contenidos, de mi cuenta de Instragram, mi blog y de este libro que ahora tienes en tus manos. Pero también desde mi hogar y en equipo con mi esposo, quien no solo se ha convertido en ejemplo de un líder hombre que le da el valor que se debe a la familia y a su vida personal, sino también ha impulsado estas conversaciones y cambios dentro de su organización.

A veces pensamos que no tenemos suficiente poder de influencia, cuando la realidad es que cada una de nosotras tiene toda la influencia que decida tener.

Recuerden que las cosas siempre pueden ser distintas si nos atrevemos a cuestionar el *statu quo*.

Lo sé, hay que ser realistas y este no es un trabajo solo nuestro, hay muchas cosas que tienen que cambiar en la sociedad, el gobierno y el mundo corporativo. Tengo fe en que ese cambio viene en camino, pero es importante que empecemos por donde podemos: por nosotras, nuestras parejas y nuestros hogares. Llegó la hora de construir un mundo distinto, un mundo con nuevas reglas y expectativas, creadas por hombres y mujeres PARA hombres y mujeres.

Cada una de nosotras debe atreverse a cuestionar esos mensajes externos que, aunque no seamos conscientes, terminan convirtiéndose en creencias y en formas aceptadas de vivir. Una a una podemos cambiar esos mensajes externos por expectativas realistas y humanas que nos permitan ser las mamás que nuestros hijos necesitan: mamás presentes. Una a una cambiamos nuestro mundo y el mundo alrededor nuestro.

Todos podemos luchar por reivindicar la importante tarea de cuidar de nuestras familias. Empecemos por cambiar la forma en que pensamos, hablamos, planeamos, trabajamos y votamos. Hombres y mujeres unidos podemos terminar lo que empezó con nuestras madres y abuelas y de paso impulsar una nueva revolución.
Anne-Marie Slaughter.

Reconociendo los mensajes tóxicos

El primer paso para poder cuestionar todos estos mensajes externos que nos afectan es reconocerlos. Eso es lo que haremos en las siguientes páginas, reconocer juntas esos mensajes de nuestro entorno que terminan enredándonos la vida y alejándonos de ser mamás más presentes.

Mensaje Tóxico #1:
Tienes que ser perfecta y verte perfecta

Vivimos en una era en donde se espera que seamos lo más parecido a una versión de la "mujer maravilla": La mujer perfecta, la profesional perfecta, la hija perfecta, la esposa perfecta, la amiga perfecta. Básicamente, para ser "suficientes" debemos vernos como si tuviéramos veinte, sin barriga ni una estría, ser CEOs o empresarias comprometidas, ser esposas dedicadas y mantener nuestra casa como esas de revista de diseño arquitectónico. Y, entonces, no siendo suficiente con esto, cuando nos convertimos en madres, hay un rol más que debemos llevar a cabo a la perfección: la maternidad.

Se espera que seamos mamás que lo tienen todo bajo control y, por ende, tienen hijos bien portados, casi perfectos. Ah, y sin cansarnos y mucho menos pausar porque no hay tiempo para eso.

Yo siempre pensé que yo no era tan perfeccionista, me consideraba más bien relajada.

Con el tiempo, mis procesos de *coaching* y mi investigación acerca del perfeccionismo, que voy a compartir acá contigo, me di cuenta de que estaba equivocada. Y es que en el mundo en el que vivimos hoy es difícil escapar de la trampa del perfeccionismo.

Desde chiquitas recibimos mensajes de perfeccionismo. Reshma Saujani en su charla de Ted *Valientes, no perfectas* habla sobre esto. A nosotras, desde que somos niñas, nos repiten cosas como: ten cuidado, no subas ahí, no te ensucies, cuidado con tu vestido, te vas a despeinar, no juegues así de brusco. A los niños, en cambio, se les dice que vayan rápido, que suban más alto, que se arriesguen y si sus pantalones se ensucian en el intento o su pelo se sale de control ¡Ah, eso es lo de menos! La consecuencia: los niños crecen y son adultos más valientes (y se despelucan cuando toca), a las mujeres en cambio nos cuesta ser valientes porque nos pesa demasiado la posibilidad de equivocarnos y de vernos mal. Y despeinadas...¡Ni locas!

En mi experiencia personal puedo decir que esto tiene mucho de cierto. Una de las cosas que más recuerdo de mi niñez es la voz de mi mamá diciéndome: ¡Péinate!, ¡Siéntate derecha! o ¡Arréglate un poquito! No es coincidencia que duré años tratando de pelear contra mi pelo crespo y solo hasta hace muy poco decidí que un poco despeinada y con frizz natural me veía bien y me sentía bien, así soy imperfectamente yo.

Hoy en día, como mamá de dos niñas, tengo que morderme la lengua con frecuencia porque en muchas ocasiones me escucho repitiendo el mensaje de "péinate" , "arréglate" o "así no", luego respiro, recuerdo todo lo que he aprendido sobre esto y me trago mis palabras para dejarlas ser como quieran ser, pero, sobre todo, humanas e imperfectas.

Por ejemplo, no sé si conocen la famosa estadística que confirma que las mujeres aplican a un cargo si cumplen con el 100 % de los requisitos, mientras los hombres lo hacen si cumplen con tan solo el 60 % ¿Menos capaces? No, es la paradoja de la valentía vs. la perfección. Ahora paremos acá. ¿Quieres saber si eres víctima del perfeccionismo? Contesta sinceramente estas preguntas:

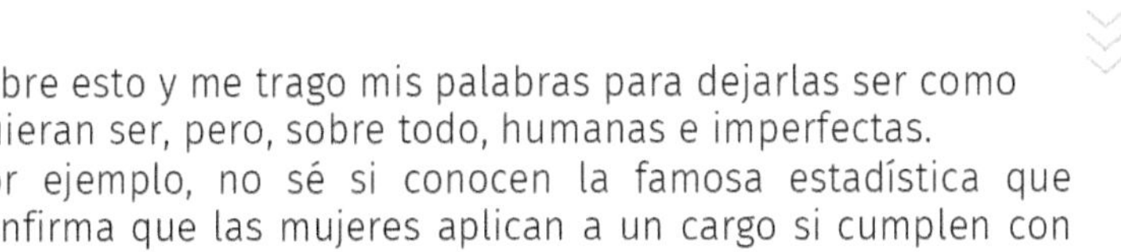

- ¿Te cuesta tomar decisiones?

- ¿El miedo al fracaso te paraliza frecuentemente y te impide ir tras tus objetivos?

- ¿Te sientes intimidada/nerviosa en situaciones sociales o frente a grupos grandes?

- ¿Procrastinas con frecuencia?

- ¿Eres muy dura contigo misma (y con los demás)?

- ¿Evades la retroalimentación de otros?

● ¿Te importa demasiado lo que piensen otros de ti o tus decisiones?

● ¿Tiendes a culpar a otros cuando te equivocas?

● ¿Te cuesta demasiado improvisar?

Si tu respuesta es sí para dos o más, lo más probable es que eres perfeccionista. Si aún no estás convencida, intenta resbalarte o caerte en público y analiza lo que pasa después: ¿Te ríes y pides ayuda? ¿Intentas meterte debajo de la tierra o simplemente pretendes que nada ocurrió y que estabas intentando recoger algo del piso? (todo estaba fríamente calculado).

Ahora, probablemente te estés preguntando: ¿Y qué tiene que ver esto con la maternidad? Pues mucho, o más bien todo. Así como interiorizamos estos estándares de perfección para nuestra vida en general, así mismo los trasladamos a todos los roles de nuestra vida, incluida la maternidad. Y es así como caemos en la trampa de intentar a toda costa ser la versión perfecta de mujer, profesional, esposa, mamá, hija, hermana, que nos deja fácilmente frustradas y agotadas. Lo peor es que no solo nos imponemos esos estándares de perfección, sino que consciente o inconscientemente esperamos lo mismo de otras mamás alrededor nuestro.

Un paso importante que debemos dar juntas para ser mamás más presentes y mujeres más plenas, es cuestionar esos estándares de perfección en todo, y aún con más fuerza en la maternidad. Atrevámonos a hablar entre nosotras de manera más abierta, más humana, más sincera y más vulnerable, sin compararnos, sin juzgarnos, sin que nos dividan esas decisiones que hayamos tomado: seguir trabajando, trabajar menos, dejar de trabajar, emprender o ser independientes, continuar con nuestra pareja o hacerlo solas.

Hablemos, pero hablemos con sinceridad. Aceptemos que a pesar de que la maternidad es una de las tareas más lindas que pudimos venir a hacer a este mundo, es una tarea retadora. Aceptemos y normalicemos su naturaleza imperfecta.

Hablemos, pero no solo de nuestros hijos y de sus logros: que si comen de todo, si caminaron en tiempo récord o hablan tres idiomas. Si hacen todo eso, perfecto ¡Qué bien! Pero hablemos también de aquello de lo que no hablamos tanto: del caos, de las pataletas, de la imperfección de nuestros hijos y de nosotros como madres, de aquellos momentos difíciles que nos hacen perder la paciencia, de nuestras inseguridades, de nuestros miedos, de nuestros sentimientos de culpa por no estar cumpliendo con las expectativas de perfección que el mundo ha impuesto sobre nosotras.

El día que más mamás seamos capaces de hacer esto, la increíble, pero imperfecta aventura de ser mamá, será mucho más divertida, menos cargada de culpa y más satisfactoria para todas.

Durante mis conversaciones con madres para la creación de este libro hice precisamente eso: hablar de manera abierta y sincera, hablar de nuestros momentos felices, pero sobre todo de aquellos momentos más retadores. Esas conversaciones no solo me permitieron enriquecer este libro, sino que se convirtieron en un gran regalo para mí como mujer y como madre. Me sentí acompañada, comprendida y aliviada. Por primera vez en mucho tiempo sentí que hablaba sinceramente con otras mujeres sobre la maternidad. Con varias terminamos cuestionando eso: ¿Por qué nos cuesta tanto tener este tipo de conversaciones entre nosotras? ¿Por qué nos cuesta hablar abiertamente sobre los retos de la maternidad hasta con nuestras amigas más cercanas?

Acá te dejo una tarea: busca a tus amigas (y no tan amigas) y habla con ellas sobre la experiencia de ser mamás. Ábrete a tener una conversación distinta, más abierta, más sincera, donde la vulnerabilidad prime sobre la necesidad de parecer perfectas. Acércate a otras mamás y atrévete a compartir los verdaderos retos de ser madre.

Hazlo y recibirás un gran regalo a cambio: el regalo de la compasión (hacia ti y hacia otras mamás a tu alrededor).
Te voy a dejar otra tarea: Busca el programa Bluey en Disney+ y ve a ver el episodio llamado *"Baby Race"*. En ese episodio, el director de este hermoso show, que te recomien- do ver con tus hijos, plasmó el poder de la compasión y la conexión entre mamás de una manera maravillosa.

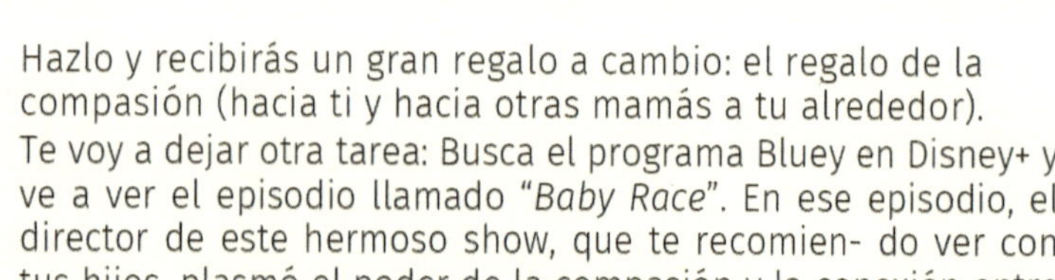

Mensaje Tóxico #2:
Cuidar a otros es poco valioso

Desafortunadamente la sociedad y los gobiernos de hoy no valoran suficiente el trabajo del cuidado de otros (ya sean niños, padres mayores, personas con discapacidad etc). Quienes realizan este tipo de labores como profesión (niñeras, enfermeras, acompañantes, tutoras, etcétera) reciben salarios bajos, y quienes las hacen como un acto de servicio (como es el caso de las madres que se quedan en casa con sus hijos) no reciben compensación o reconocimiento a cambio. El Departamento Nacional de Planeación de Colombia midió hace unos años la cantidad de horas que dedican las mujeres al hogar y el cuidado de la familia y lo cuantificó multiplicando las horas por el valor de una hora de servicio doméstico. ¿El resultado? Esta labor equivaldría al 16 % del PIB. ¿Increíble, verdad? Es un aporte enorme a la economía, pero como no se mide, termina siendo casi invisible. Es un trabajo que millones de mujeres hacen a diario por amor a sus familias, o a su comunidad. Qué importante sería que así no se llegara a reconocer o medir en términos económicos, al menos sí se reconociera y exaltara como la labor tan va- liosa que es.

Creo que si como sociedad entendiéramos que el tiempo que invertimos en cuidar de otros, especialmente de nuestra familia, es igual de valioso al que invertimos trabajando, lograríamos tener una sociedad más sana donde la familia vuelva a ocupar el lugar central que debería ocupar.
Es importante que reflexionemos sobre esto y recordemos que el tiempo no se mide en dinero. El tiempo es tiempo. Una "hora mujer" es exactamente igual a una "hora hombre

Una hora dedicada a cuidar a un bebé es exactamente igual a una hora dedicada a trabajar.

Este tipo de mensajes frente al valor del cuidado de otros nos afecta especialmente a aquellas mujeres que, como yo, en algún momento, decidimos pausar o desacelerar nuestra carrera profesional al convertirnos en madres.

Recuerdo un día en que a una mamá le preguntaron en un consultorio médico cuál era su ocupación. Entre titubeos y con inseguridad respondió: "bueno en realidad en este momento solo estoy cuidando a mis hijos". ¿SOLO estoy cuidando a mis hijos? ¿Desde cuándo la tarea de cuidar a otro ser humano se convirtió en algo a lo que tenemos que adjuntarle la palabra "solo"? Ese día me vi a mí misma reflejada en esa mujer. Yo también sufría cuando acababa de renunciar a mi trabajo corporativo y tenía que responder a la pregunta de cuál era mi "ocupación actual". Hasta el día en que entendí lo equivocada que estaba por dejarme arrastrar por ese mensaje tan fuerte asociado al valor del cuidado de otros, especialmente de nuestra familia.

Todo esto me lleva a pensar en Silvia, una de las mamás que muy generosamente compartió su historia conmigo. Silvia acababa de conseguir una nueva oportunidad en la industria del turismo cuando explotó la pandemia ocasionada por el Covid-19. Ante una reestructuración inminente, perdió su trabajo y empezó a ser bombardeada por autocríticas asociadas a su valor como persona. Pasaba horas y horas frente al computador, enviando hojas de vida y revisando ofertas de trabajo. Por primera vez en mucho tiempo tenía algo que quería desde que se había convertido en mamá: más horas al lado de sus hijos. Irónicamente esos mensajes asociados a su valor como profesional y generadora de ingresos, no le permitían disfrutar de ese tiempo que tenía disponible para compartir con sus hijos.

Silvia decidió buscar acompañamiento y fue entonces cuando su *coach*, Beatriz Gómez, le ayudó a cuestionar esos mensajes tan fuertes que rondaban en su cabeza: uno de ellos, el mensaje que la hacía creer que su valor como persona dependía 100 % de su trabajo o de poder proveer económicamente a su familia.

Su *coach* le preguntó: "¿Silvia, tú crees en alguna fuerza superior?", a lo que ella contestó que sí, que ella creía firmemente en Dios. Entonces, ella le pidió hacer el siguiente ejercicio:

Trae a tu mente a alguien que no genere dinero y que sea importante para ti. Silvia inmediatamente pensó en sus hijos y entonces su *coach* le preguntó: "¿Ellos son valiosos para ti?". "Claro", respondió Silvia. "Ellos son lo más valioso que tengo en mi vida". A lo que su *coach* le dijo: "Si tú ves a tus hijos y reconoces lo valiosos que son para ti por el simple hecho de existir: ¿Cómo crees que te ve Dios a ti?".

Este cambio de perspectiva le permitió a Silvia afrontar la situación de una manera mucho más sana. Esto no implicaba dejar de buscar trabajo o resignarse y dejar de proveer económicamente para su familia, lo que implicaba era que desde un lugar más tranquilo, de amor por sí misma (y no de insuficiencia), Silvia iba a continuar su búsqueda. Con esta nueva mentalidad, y el acompañamiento de su *coach*, logró organizarse mejor para buscar trabajo en las mañanas y estar con sus hijos en la tarde y, lo mejor: sin ningún senti- miento de ansiedad, culpa o remordimiento. Todo esto se vio reflejado en sus entrevistas y Silvia logró encontrar un buen trabajo muy rápido.

Todo cambió desde el momento en que fue capaz de cuestionar esa creencia con respecto a su valor y el valor del tiempo. Hoy Silvia lleva más de un año en un nuevo cargo y con lo aprendido durante esta etapa, diariamente busca e intenta mantener un balance mucho más sano entre su carrera, su vida y su familia.

Mensaje tóxico #3:
Tienes que ser exitosa...o, más bien, parecer exitosa

Estamos acostumbradas a que el éxito se mida con cargos, diplomas, reconocimientos. Nuestra ambición se mide en términos de lo que hagamos para alcanzar este tipo de premios o reconocimientos. Todo lo demás puede ser considerado como falta de ambición o mediocridad.

Esta es una de las razones por las que nos cuesta tanto valorar la tarea de ser madres (y padres) presentes. En nuestros trabajos o proyectos profesionales constantemente vemos metas alcanzadas, beneficios tangibles o incentivos inmediatos. Con nuestros hijos simplemente tenemos que vivir el día a día, estar presentes, acompañarlos a navegar la vida, esperar y confiar en que lo que hacemos por ellos hoy lo veremos reflejado mucho más adelante, cuando los veamos convertirse en adultos responsables y preparados emocionalmente para navegar los retos de la vida.

No podemos negar que gran parte del éxito en nuestra vida puede dárnoslo nuestro trabajo, sobre todo si lo que hacemos nos apasiona y lo hacemos con propósito. Pero el verdadero éxito es mucho más que eso.

El éxito no puede ser un concepto estático al cual parece que todas le hemos dado "*copy/paste*".
El éxito no se mide solamente en el cargo y el salario que tenemos, sino en las vidas plenas que queremos construir al lado de nuestra familia. Muestra de esto son las miles de historias de mujeres que han ajustado sus vidas para ser las mamás y mujeres que han querido ser, desafiando estas definiciones de éxito estáticas, probando caminos alternos para encontrar un éxito que se ajuste más a sus verdaderos anhelos personales. Muchas de esas mujeres han alcanzado todo y más de lo que querían y, sobre todo, han alcanzado un éxito que es el más importante de todos: el de sentirse plenas y con cero remordimientos con respecto a su vida en general y su relación con su familia.

Durante mis propios procesos de *coaching* hice el ejercicio de definir qué era el éxito para mí y me di cuenta de que mi concepto de éxito personal era muy distinto al que había decidido perseguir ciegamente durante años. Hoy en día, mi versión auténtica de éxito personal es poder servir a los demás a través de mis talentos, transformar el mundo en un mejor lugar para todos, amar incondicionalmente, construir una familia con valores sólidos y disfrutar cada día a su lado, reírme, jugar, viajar y disfrutar de las pequeñas cosas del día a día. Disfrutar de grandes y profundas amistades, construir memorias inolvidables con las personas que quiero.

Perseguir mis pasiones: el arte y el yoga. Aprender y enseñar, equivocarme y crecer cada día de mi vida. **¿Cuál es el verdadero éxito para TI?** Haz una pausa, toma lápiz y papel y define el éxito en tus propios términos:

El éxito para mí es...

____

____

____

____

____

____

Cuando nos atrevemos a redefinir este concepto externo de éxito y creamos una versión nuestra, más auténtica y humana, logramos vivir vidas más plenas, ser mamás presentes y disfrutar de nuestros hijos sin renunciar a nuestros sueños. No solo eso, sino que podemos gritarlo a los cuatro vientos y llenas de orgullo:

¡Soy exitosa porque tengo la vida que quiero! ¡Soy exitosa porque soy la mamá que quiero ser para mis hijos!

> *Para mí el éxito no es algo público, es algo privado. El verdadero éxito está en lograr tener menos y menos remordimientos cada día que pasa de tu vida.*
> **Tony Morrison**

Mensaje tóxico #4:
Para ser exitosa tienes que trabajar largas horas
(sin pausa)

La jornada laboral de ocho horas lleva más de 200 años, desde la Revolución Industrial en el siglo XIX, cuando se dieron amplios debates sobre los derechos de los trabajadores y los empresarios. En 1817, Robert Owen, empresario del sector textil, fue quien creó el movimiento que instaba a vivir así:

"ocho horas de trabajo, ocho horas de recreo, ocho horas de descanso".

Pero si analizamos bien, esas "ocho horas de recreo" no son de recreo cuando tienes un hogar que manejar y unos hijos que acompañar y cuidar, ¿verdad? Es una utopía pensar que la vida para quienes tenemos hijos funciona bajo un esquema perfecto 8-8-8. Hace 200 años la mayoría de trabajadores eran hombres que podían adherirse a ese esquema perfecto de 8-8-8 porque tenían a sus esposas en casa a cargo del hogar y de los hijos. La realidad hoy es muy distinta: una jornada laboral de ocho horas o más restringe el tiempo que una persona, y sobre todo una madre o un padre, pueden dedicar tanto a estar presentes con sus hijos como a actividades necesarias para su salud física, mental y emocional.

Aunque me gustaría decir que hemos evolucionado lo suficiente, y sí, creo que algo hemos evolucionado, sobre todo a raíz de la pandemia, aún el mundo del trabajo sigue demasiado aferrado a la idea del horario laboral de ocho horas, que trae consigo el modelo de "trabajador ideal": aquel que trabaja ocho horas (y mucho más que eso en algunos casos). Las compañías hoy siguen asociando la productividad a cantidad en vez de a calidad. El valor de una persona en muchas empresas se sigue midiendo por lo que aporta en términos de tiempo. Bajo esta premisa, una persona que trabaja menos o trabaja pocas horas se considera mediocre o poco ambiciosa. ¿Pero es esto cierto? De acuerdo con investigadores de la Universidad de Stanford, una persona que trabaja setenta horas a la semana termina produciendo lo mismo que una que trabaja cincuenta, pues la que trabaja veinte horas de más termina utilizando esas horas en distracciones y, aunque pareciera que trabaja más, en realidad logra menos. Según varios estudios de productividad, el cerebro y el cuerpo humano trabajan mejor cuando deben cumplir más tareas en menos tiempo. Alguien que trabaja treinta y cinco horas semanales es 50 % menos productivo que quien trabaja 20. Es decir que entre más horas trabajamos, menos productivos somos con cada hora que transcurre.

Aunque varios estudios han demostrado los beneficios (tanto para empresas como para trabajadores) de una semana laboral de cuarenta o hasta treinta horas de trabajo, seguimos demasiado aferrados al modelo de hace 200 años. Es increíble pensar que ni la pandemia nos ayudó a soltar esa creencia peligrosa de que más horas llevan a más productividad y más resultados, y más éxito.

"Estas largas jornadas, al contrario de producir más desarrollo y productividad dentro de las organizaciones, conllevan a una disminución sustancial de la misma por exceso y acumulación de jornada laboral, estudios de la OCDE, Organización para la Cooperación y el Desarrollo Económico, resaltan que en los países más desarrollados, más prósperos, productivos y con la mejor calidad de vida, la gente trabaja menos horas, con un promedio de 1428.6 horas anuales, es decir 27.4 horas a la semana, apuntando a 5.48 horas diarias"[1].
No olvido una sesión de *coaching* que tuve con una mamá hace un tiempo. Ella me decía que se sentía culpable porque, a pesar de que trabajaba desde su casa, vivía todo el día encerrada entre cuatro paredes y solo veía a su bebé una hora al almuerzo y otra hora cuando dejaba de trabajar (terminaba a las 6 p.m. y su bebé se dormía a las 7 p.m.). En algún momento le planteé la posibilidad de hacer mini *breaks* en medio de su día para sentarse a jugar con su bebé, que los viera como pequeñas "pausas activas" (un mejor nombre serían pausas recargadas de amor). Ella abrió los ojos y pude ver en sus ojos el miedo que le producía el tan solo pensar en esta posibilidad. Tratando de indagar más sobre esto hablamos y me dijo que tenía miedo de lo que podría pasar si ella hacía esto, su empresa estaba en reestructuración y sentía que si ella hacía ese tipo de pausas iba a verse muy mal y la empresa simplemente iba a prescindir de ella. ¿Pero era en realidad así? ¿O quizás esas pausas activas le permitirían recargarse, llenarse de nuevas ideas y aportar más calidad (en vez de cantidad) a su trabajo?

Después de dudarlo mucho, finalmente lo intentó y lo mejor fue lo que pasó después: su relación con su bebé se fortaleció y sus resultados en su trabajo mejoraron, pues ella se sentía plena y podía ser más creativa después de tener estos momentos de conexión con su bebé.

---

1 Productividad–Calidad DeVida Y Tiempos De Trabajo En Las Organizaciones. Universidad La Gran Colombia.

Ese día, en esa sesión, entendí que el miedo muchas veces vive y crece en tamaño en nuestra cabeza. Y no es para menos, cuando el mundo exterior nos ha condicionado a pensar que solo si trabajamos por horas y horas sin parar y que solo si demostramos ese nivel de compromiso, lograremos ascender y ser exitosas.

Yo personalmente caí redondita en esta trampa de los mensajes de productividad incesante y esa fue una de las razones por las que, como te conté en el primer capítulo, creí que la única manera de ser mamá presente era renunciar (al menos por un tiempo) a mi parte profesional. Si el único camino hacia el éxito era trabajar sin pausa y como si no tuviera hijos, no estaba dispuesta a pagar ese precio.

Después de leer mucho y conocer casos de mujeres reales que han logrado ser mamás presentes sin renunciar a sus sueños y sus proyectos profesionales, estoy convencida de que es posible operar de manera diferente. No estoy diciendo que sea fácil, pero es posible. La vida no es lineal ni perfecta, y los trabajos tampoco. Sobre todo si trabajas en el mundo corporativo, habrá momentos más demandantes o estresantes que otros, habrá momentos en que tendrás que trabajar más horas o viajar más, pero eso es una cosa, y otra diferente es que ese escenario se convierta en tu día a día y de paso te robe la posibilidad de estar presente con tus hijos.

Un libro que cambió mucho mi forma de pensar sobre esto, y que te recomiendo es *Win at work and succeed at life*, de Michael y Megan Hyatt (por ahora solo está en inglés).

En este libro Megan cuenta su historia personal: al adoptar a sus dos primeros hijos ella decidió renunciar a su trabajo, pues, al igual que yo, y muchas de nosotras, creyó que ese era su único camino para ser una mamá presente en un mundo donde el mensaje predominante es : "Si no lo das todo no lograrás nada". Estando un día en una conferencia, Megan escuchó hablar a una mujer y mamá CEO muy exitosa decir abiertamente al público que nunca trabajaba por fuera del horario de 8:30am a 3:30 pm porque su familia y sus hijos eran su prioridad. Escuchar a esta mujer cambió la perspectiva que tenía sobre la posibilidad de trabajar y ser la mamá que ella quería ser para sus hijos. Un tiempo después de esto, como mamá de cinco niños, Megan decidió empezar a trabajar como COO de la empresa Hyatt y Co., pero con una condición muy importante: trabajaría hasta las 3:00 p.m para poder recoger a sus hijos en el colegio y dedicar sus tardes a estar con ellos. Hace poco Megan fue ascendida al cargo de CEO. Bajo su liderazgo la empresa ha entrado durante tres años consecutivos a la lista *Inc* 5000 de compañías priva- das de mayor crecimiento en Estados Unidos y en 2020 fue nombrada como una de las mejores compañías para trabajar según *Inc* 5000.

El caso de Megan nos sirve de inspiración para ver el poder de cuestionar estas creencias de tiempo y productividad y el impacto tan positivo que podría tener en nuestra vida y nuestra maternidad el escapar de ellas y vivir de una manera diferente.

Como Megan, hay muchas mamás allá afuera, incluidas varias con las que hablé para este libro, que han logrado continuar con su camino profesional y ser mamás presentes, pero esto no lo han logrado a punta de "suerte". Lo han logrado porque han sido capaces de dejar claro que su familia es su prioridad y han aprendido a poner límites cuando lo han necesitado.

Este es el caso de Andreina, una mamá que al llegar la pandemia, y ser enviada a trabajar desde su casa, se dio cuenta de todos los beneficios que estar más presente traía para ella y para su familia. Un año después de estar trabajando desde su casa, Andreina fue ascendida a un nuevo cargo con mayor responsabilidad y tuvo que regresar a la oficina física, pero lo hizo consciente de algo: por nada del mundo quería perder lo que ya había ganado con la pande-

mia, estar más presente en la vida de sus hijos. Entonces puso sus prioridades muy claras, empezó a salir martes y viernes a las tres de la tarde y le dejó claro al equipo que no tomaría reuniones (a menos que fuera por un evento de causa mayor) entre 5:00 y 7:00 p.m de la noche, pues esa hora la dedica exclusivamente a sus hijos.

Hasta aquí espero haberte convencido de algo, y es la forma en que todos estos mensajes externos pueden interponerse en tu intención de ser una mamá presente.

Pero el problema no termina ahí y quiero contarte por qué, pero para eso volvamos a mi historia.

¿Recuerdas cuando acepté ese trabajo tan "anhelado"? Mi hija tenía solo dos meses de nacida, yo estaba lactando y durmiendo dos horas seguidas en los mejores días. Empecé trabajando desde mi casa durante solo unas horas, lo cual era manejable y me permitía seguir siendo consultora de mis clientes más antiguos, pero poco a poco tuve que empezar a ir a la oficina y a eventos porque el cargo lo demandaba. Y llegaron esas noches en tuve que trabajar hasta las 11 o 12, preparando eventos del día siguiente. Antonia no dormía bien por más de que lo había intentado todo y mi hija mayor estaba pasando por un momento de pataletas y comporta-mientos difíciles.

Yo parecía un zombi tratando de sobrevivir. Todos los días me levantaba mortificada de verme al espejo y ver cómo crecían mis ojeras y a la par un lunar rojo que me había salido en la mitad de la cara durante el embarazo. Sabía que no era un lunar normal, pero siempre decía que "cuando tuviera tiempo" iría al médico a hacérmelo revisar. Por otro lado mi mamá había quedado muy mal anímicamente después de su enfermedad y su estadía en la UCI y yo intentaba de todas las maneras posibles ayudarla para que volviera a ser la mujer, mamá y abuelita que todos conocíamos antes de su estancia en ese hospital. Estaba realmente agotada física y emocionalmente.

Y entonces, en medio de todo esto, me dejé de última. No tuve el valor de parar para cuidar de mí misma. Dejé que el tiempo pasara y cuando finalmente fui al médico me enteré de que el lunar era maligno y tendrían que hacerme una cirugía cortando debajo de mi ojo para removerlo. Entré en pánico, no solo por lo que esto podía implicar para mi salud. ¿Qué sería de mis hijas, de mi mamá, sin mí? Sino también por lo que implicaría para mí como mujer en un mundo con altos estándares de perfección física: ¿Qué sería de mí autoestima con una horrible cicatriz en el centro de mi cara?

En ese momento pensé en renunciar, en tirar todo y dedicarme a mí porque sabía que tenía que sanar. No solo por fuera, sino por dentro. Me sentía cansada y ansiosa, no podía concentrarme bien entre la falta de sueño y la ansiedad de todo lo que había vivido en el último año y medio. Pero el mensaje que dominaba más fuerte en mi cabeza era el de seguir empujando, y eso hice por un tiempo más.

Afortunadamente la cirugía salió bien, el lunar no se había esparcido y ya estaba libre de células malignas. Creo que a ese punto había sanado por fuera, pero seguía sin sanar por dentro. Me había dejado llevar por los mensajes de expectativas externas, por las expectativas de perfección y lo que pensaba que era una vida "perfecta" como mujer y como mamá, vivía cansada y eso me robaba la posibilidad de estar presente con mis hijas y con mi familia.

Todas esas exigencias y mensajes tóxicos del entorno nos terminan empujando a vivir enredadas y en modo automático: nos levantamos como zombies a producir, a mostrarle al mundo nuestro valor, a correr y vivir ocupadas. Y, sin quererlo, terminamos trasladando esas expectativas locas de vida perfecta y ocupada a nuestros hijos, llenando su vida de actividades y tareas, cuando lo que más necesitan para crecer seguros y felices es poder ser niños. Terminamos haciendo todo para que nuestros hijos sigan las rutinas per- fectas, los horarios 24/7, los entrenamos hasta para dormir perfecto" (respiren acá y piensen en semejante ironía), nos aseguramos de seguir innumerables manuales para que no exista posibilidad alguna de que su comportamiento o su necesidad de tenernos a su lado altere nuestro absurdo ritmo de vida.
Vivir así, ocupadas y en automático, nos roba la posibilidad de estar presentes para disfrutar de la increíble experiencia de ser mamás, de vivir el presente con nuestros hijos.

Vivir así nos impide cuidar de nosotras como debe ser y las consecuencias de esto sobre nuestra salud pueden llegar a ser muy complicadas. Las cifras no mienten:

- Hoy, una de cada tres mujeres sufre de fatiga crónica.

- Hoy, las mujeres sufren 3.5 veces más de enfermedades autoinmunes que los hombres (esclerosis múltiple, hashimoto, etcétera). En 1940 esta proporción era de una mujer por cada hombre.

- Las enfermedades hormonales y del sistema reproductivo han aumentado como nunca antes: 5 millones de mujeres sufren de ovarios poliquísticos (PCOS), 1 de cada 10 mujeres sufre de endometriosis, 12 % de mujeres sufren de infertilidad.

- Hoy las mujeres tienen 5 a 8 veces más probabilidades de tener problemas de tiroides que los hombres.

- 50 Millones de mujeres sufren de algún dolor crónico sin diagnosticar. Como si todo esto no fuera suficiente, también estamos viendo las consecuencias de este estilo de vida en nuestra felicidad y salud mental.

Uno tendería a pensar que con toda la libertad y oportunidades que hemos ganado en los últimos cuarenta años deberíamos ser más felices, pero lo triste es que ha pasado todo lo contrario: la felicidad y el bienestar de las mujeres ha disminuido en términos absolutos y relativos a los de los hombres en los últimos años.

Hoy en día 1 de 8 mujeres sufre de depresión en algún momento de su vida, esta cifra es dos veces más alta hoy en mujeres que en hombres.

Es triste ver que a pesar de que vivimos en uno de los momentos de la historia con mayores recursos y oportunidades de crecimiento disponibles también vivimos en uno de los momentos de la historia con los mayores índices de depresión, insatisfacción y falta de pasión por la vida.

¿Qué está pasando? Desde lo que yo observo, creo que le estamos dando demasiado valor a unas cosas y muy poco a otras que son mucho más importantes.

Por eso, reconocer este tipo de mensajes tóxicos del ambiente y escapar de ellos no solo es importante para que podamos ser mamás más presentes, sino para que podamos ser mujeres plenas.

> *El empoderamiento femenino en un mundo patriarcal se ha convertido en darle la "oportunidad" a la mujer de trabajar sin medida hasta terminar completamente agotada,*
> **Valerie Rein PHD**

La Doctora Valerie Rain, psiquiatra especialista en tratar a mujeres, menciona en su libro *Patriarchy Stress Disorder* que, después de más de quince años de terapia, hoy se encuentra todo el tiempo con pacientes mujeres medicadas por ansiedad, depresión, desordenes de sueño, fatiga, falta de concentración o sufriendo de problemas de adicción a la comida, al alcohol, al trabajo o al ejercicio.

Cuando empecé a investigar sobre este fenómeno moderno de las enfermedades, el *burnout* y los trastornos mentales en mujeres, particularmente madres, me di cuenta de que si miraba detenidamente a mi alrededor estas estadísticas no parecían ser desproporcionadas ni lejanas. Muchas de mis amigas, sobre todo aquellas que son madres, estaban padeciendo enfermedades autoinmunes, problemas hormonales, insomnio, problemas de peso o fatiga crónica. Yo, particularmente, también había tenido problemas de tiroides que afortunadamente a punta de cambios en mi estilo de vida y de la mano de un médico funcional, logré controlar.

Carolina es una de esas mamás con quien tuve largas y profundas conversaciones sobre estas creencias que nos llevan a seguir estilos de vida que nos hacen daño, no solo a nosotras, sino a nuestras familias. Es una mujer organizada, independiente y desde muy joven tenía muy claras sus metas profesionales. A sus veintiocho años, Carolina logró la oportunidad con la que siempre había soñado: ser directora de compras y comercio exterior de una gran empresa. Cuatro años y medio después de haber empezado a trabajar allá, tuvo a su primera hija y regresó a trabajar después de cuatro meses de licencia, con todas las ganas de seguir dando el 100 % como lo había hecho durante casi cinco años, pero hacer esto resultó mucho más retador de lo que esperaba.

Se despertaba todos los días a las 4:40 de la mañana, con el tiempo justo para vestirse y salir para estar en su trabajo a las 7:00 a.m. Salía corriendo y sin poder ver a su hija, a quien tenía que dejar en la casa con sus suegros. Salía de la oficina a las 5:00 p.m y llegaba a las 7:00 p.m todos los días. Su hija la esperaba ansiosamente, llena de energía, pues quería compartir con su mamá. Ella llegaba agotada, pero hacía todo el esfuerzo para poder compartir tiempo juntas y darle la comida. Con todo esto el tiempo pasaba y su hija no se dormía sino hasta las 10:00 p.m. Carolina se dormía hacia las 11:00 p.m tratando de dejar todo listo para el próximo día. Seguía lactando y durmiendo pocas horas.

A pesar de sentirse agotada y triste porque no podía compartir suficiente con su hija, ella seguía intentando dar el 100 % en su trabajo. Hasta que empezó a sentirse enferma. Todos los días se levantaba cansada, se le estaba cayendo el pelo y su piel estaba completamente ajada. La gente alrededor suyo le decía "Eso es normal, todas las mamás nos sentimos cansadas". Así que ella decidió que tenía que ser fuerte y siguió empujando. Siguió empujando y se dejó de última. Además, no podía estar pidiendo permisos para salir a las citas médicas de su hija y las suyas, así que le dio prioridad a las de su hija, como cualquier mamá haría.

Pero llegó el día en que Carolina no podía concentrarse ni trabajar bien, así que finalmente fue al médico. Cuando llegaron los resultados, la llamaron porque creyeron que era un error en los resultados: su tiroides estaba en diecisiete (los niveles normales no deben ser mayores a cuatro, aunque los médicos funcionales dicen que lo más sano es tenerla por debajo de dos).

Y ahí no paró la cosa, como Carolina siguió empujando, durmiendo poco y sin tiempo para cuidar de ella, cada seis meses le aparecía una enfermedad autoinmune diferente que le afectaba diferentes glándulas del cuerpo. Terminó con tres enfermedades autoinmunes y fue remitida al nefrólogo por complicaciones en los riñones.

Ella sabía que tenía que hacer un cambio en su estilo de vida, pero le costaba demasiado renunciar a esa forma de vivir a la que ya se había acostumbrado, a esa forma de trabajar sin descanso para alcanzar la cima y la estabilidad económica a expensas de su salud y a la posibilidad de dis- frutar a su familia. Al llegar a un punto donde no daba más, decidió hacer el cambio: se mudó de ciudad y consiguió un nuevo trabajo haciendo lo que le gustaba. Hoy se despierta a las 6 a.m, trabaja la mayoría de días desde casa, desayuna y almuerza con su familia, hace ejercicio regularmente, y sale en las tardes con su hija al parque, a pasear o disfrutar la tarde. Come y duerme a su hija a las 9:30 p.m.

Su tiroides disminuyó a niveles de 1.4 y todas sus enfermedades autoinmunes desaparecieron.

Hace poco me la encontré y parecía una persona diferente a aquella que había visto por última vez: se veía radiante, rejuvenecida y saludable. Me contó con mucha emoción que finalmente se sentía bien. Su calidad de vida y su relación con su familia se habían fortalecido como nunca antes.

Carolina no está sola, son muchas las mujeres que son madres y viven este ritmo acelerado de vida. Carolina somos todas. Por eso tenemos que unirnos para ser capaces de decirle no a vivir así: cansadas, ocupadas, ansiosas, y sin tiempo para cuidar de nosotras. No a vivir estilos de vida que al final son insostenibles. Por nosotras y por nuestros hijos, debemos ser capaces de parar, cuestionar esa forma de vivir y crear para nosotras y para las mujeres a nuestro alrededor un nuevo mundo más consciente y humano en donde podamos vivir vidas sanas, ser felices y estar presentes para nuestros hijos y nuestras familias.

Quiero aprovechar no solo para impulsarte a cambiar tu vida, sino la vida de todas las madres de este planeta. Porque una a una podemos cambiar el mundo alrededor nuestro. Quiero dejarte algunas cosas que puedes empezar a hacer para ser ese agente de cambio que las madres de hoy tanto necesitamos:

- La próxima vez que alguien empiece a hablar sobre lo mucho que trabaja o hable sin parar sobre su trabajo durante una reunión social, trata de redirigir la conversación: pregúntale qué libros interesantes ha leído últimamente, o si ha visto alguna buena película. Trata de desarmar un poco ese juego competitivo y reemplazarlo por uno que les recuerde a las personas a tu alrededor que somos mucho más que nuestro trabajo.

- Cuando conozcas a alguien, en vez de preguntar ¿Y tú qué haces? Pregúntale qué cosas le interesan, cuáles son sus hobbies, o qué le apasiona en la vida. Conviértete en el que fomente la conversación y la sensación de que todos podemos ser valorados por lo que somos como personas más allá de la forma en que nos ganemos un salario.

- Si tienes que llegar tarde a tu trabajo, ajustar tus horas o trabajar desde casa porque tienes que atender a alguno de tus hijos, sé sincera acerca de por qué lo estás haciendo y por qué esto es muy importante para ti. No trates de maquillarlo porque esto no te ayuda a ti ni a otras madres que trabajen en tu organización.

- Antes de hablar sobre cómo admiras a alguien (y a ti misma), piensa de todas las maneras en que es admirable más allá de su trabajo o su lado "competitivo".

No continúes perpetuando la barrera entre las mamás que trabajan y las que no, aumentando estereotipos cerrados como "Ella es la típica que trabaja y no le pone atención a sus hijos" o "Ella es la típica ama de casa que no hace nada".

Cuando te refieras a una mamá que está dedicada 100 % a sus hijos, evita decir "Ella no trabaja". Utiliza frases como: "Ella no trabaja fuera de casa" o "Ella actualmente se dedica a sus hijos". Empecemos entre todas a devolverle el valor real a la tarea de cuidar a otros, a la tarea de SER MAMÁS.

Cuando interactúes con otras mamás no las juzgues: Si trabajan no las juzgues por no estar 24/7 con sus hijos y si dejaron de trabajar no las juzgues por no ser ambiciosas. No te compares, pero tampoco las midas de acuerdo a lo que ves desde tu sesgada experiencia. Más bien admírarlas y házselo saber: "Te admiro por trabajar y ser una mamá pre- sente" o "Te admiro por haber decidido darle prioridad a tu familia" o simplemente "Te felicito, lo estás haciendo bien".

Una a una cambiamos nuestro mundo y el mundo alrededor nuestro.

EJERCICIOS DE REFLEXIÓN

Separa un tiempo y un espacio tranquilos para este ejercicio, ojalá al comienzo del día o en un momento en donde tu mente esté más tranquila.

Prepara el espacio ya sea con tu vela favorita, esencias, un té caliente o lo que más te guste. Lleva unas hojas o un diario, y algo con que escribir. Vamos a empezar con una meditación de tres minutos que te ayude a aquietar la mente para contestar estas preguntas de manera sincera y abierta y que puedas responder desde adentro (no pienses demasiado las respuestas, hazle caso a tu cuerpo y tu intuición).

Ejercicio de meditación:

Encuentra una postura cómoda y cierra los ojos.

Haz tres rondas de esta respiración: inhala profundamente contando hasta cuatro, pausa contando hasta dos y exhala contando hasta cuatro.

Manteniendo una respiración profunda empieza a recorrer tu cuerpo de arriba a abajo y nota cómo se siente cada parte de tu cuerpo de la cabeza a los pies. Cuando hayas terminado de recorrer todo tu cuerpo lentamente abre los ojos, toma una hoja y un papel o tu cuaderno favorito y contesta estas preguntas:

1. Califica de 1 a 10 (siendo 10 nivel de perfección máxima)

¿Qué tanta perfección estás buscando actualmente en cada uno de estos roles?

Mamá: ____
Esposa: ____
Hija: ____
Profesional:______________________________________
Mujer (aspecto físico): ____________________________

2. Haz una lista con esos mensajes tóxicos y/o expectativas externas que crees son las que más te están generando ansiedad y/o impidiendo ser una mamá presente y una mujer plena (por ejemplo: "el éxito está directamente relacionado con las horas que trabajo" "No puedo decirle que no a mi jefe porque va a pensar que soy mediocre" "Para ser una buena mamá tengo que hacer todo perfecto", etcétera.

Revisa lo que escribiste y pregúntate: ¿Tienes evidencia que compruebe que estas cosas son válidas? ¿Cuál o cuáles de ellas creerías que puedes desechar?

Ahora, cierra tus ojos e imagina que metes esas creencias en un globo y lo dejas ir al cielo, siente cómo se van alejando y desaparece. ¿Cómo te sientes ahora?

3. Ahora respira y responde sinceramente:

¿Qué tipo de mujer serías si fueras 5, 10, 15 % menos perfecta?

¿Qué tipo de mamá serías si fueras 5,10,15 % menos perfecta?

En tu vida como mujer...

En tu vida como mamá...

En tu vida profesional...

CAPÍTULO 3

CONSTRUYENDO UNA VIDA Y UNA MATERNIDAD CON PROPÓSITO

Como te conté en el primer capítulo, ocho meses después de haberme convertido en mamá, renuncié al trabajo corporativo en el cual había estado durante casi cinco años.

Tomar la decisión no fue nada fácil. ¿Quién sería yo más allá de la versión de profesional exitosa en la que tanto tiempo, esfuerzo y dedicación había invertido? ¿Quién sería yo sin mi cargo? ¿Quién sería yo sin todos esos títulos? Ahora era la mamá de Martina, y claro que ese era un rol importantísimo, pero tampoco quería que fuera el único que me definiera.

Estamos acostumbradas a que lo que hacemos sea lo que nos define. Te has fijado en que cuando conocemos a alguien lo primero que le preguntamos es: Y tú, ¿qué haces? Deberíamos cambiar de una vez por todas esa pregunta por una mucho más profunda: Y tú, ¿quién eres? Al fin y al cabo somos seres humanos, no "haceres" humanos. Pero la realidad es que hoy vivimos completamente volcados a hacer. Hacer, hacer, hacer. Y lo peor: no paramos ni siquiera para entender porqué hacemos lo que hacemos. Vivimos en modo automático.

A pesar de que mi intención inicial al renunciar a mi trabajo era ser una mamá más presente, esto no sucedió del todo, pues yo seguía viviendo en modo automático. Terminé cambiando una vida ocupada en el mundo corporativo por una vida ocupada como mamá y consultora independiente. En ese momento aún no comprendía que el camino no era renunciar a nada que fuera realmente importante para mí, el camino era empezar por parar y dejar de vivir en automático. Parar y reflexionar a profundidad sobre aquello que era más importante para mí y desde ahí empezar a construir una vida con propósito, una vida plena que me permitiera ser una mamá verdaderamente presente. No la mamá que está ahí 24/7, sino aquella que acompaña a sus hijos desde un lugar de plenitud y presencia.

En agosto de 2018, después de convertirme en mamá por segunda vez, acepté un nuevo trabajo que aunque parecía "caído del cielo" y me daba seguridad y estabilidad finan-

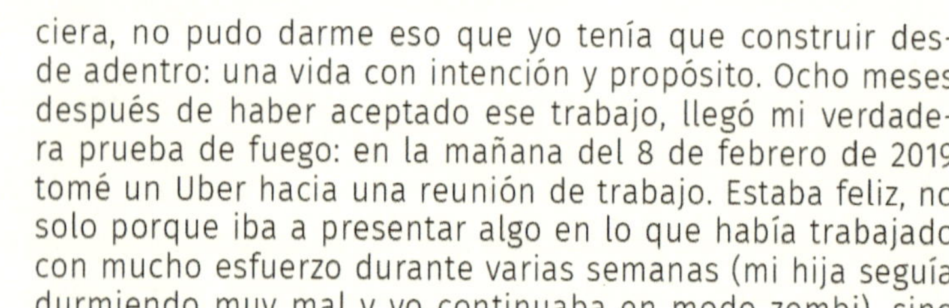

ciera, no pudo darme eso que yo tenía que construir desde adentro: una vida con intención y propósito. Ocho meses después de haber aceptado ese trabajo, llegó mi verdadera prueba de fuego: en la mañana del 8 de febrero de 2019 tomé un Uber hacia una reunión de trabajo. Estaba feliz, no solo porque iba a presentar algo en lo que había trabajado con mucho esfuerzo durante varias semanas (mi hija seguía durmiendo muy mal y yo continuaba en modo zombi), sino porque ese día estaba celebrando cinco años de matrimonio.

Estaba feliz pensando en el viaje sorpresa que había planeado para mi esposo y para mí ese fin de semana, un viaje que además de estar pensando en celebrar, también era una oportunidad de tomar un corto, pero necesario descanso. De un momento a otro mi felicidad fue reemplazada por un sentimiento de angustia inexplicable, con un nudo enorme en la garganta tomé el teléfono y llamé a la casa de mi mamá. Nunca pude hablar con ella: un segundo antes había tenido un infarto. Le pedí al señor del Uber que manejara lo más rápido de regreso hacia la casa de mis papás, y le dije: "mi mamá se va a morir". El señor solo me dijo, "tranquila, tran- quila que no va a pasar nada, yo la voy a llevar lo más rápido que pueda". Y así fue, creo que nunca había ido tan rápido en medio de un trancón citadino.

Cuando llegué mi mamá ya estaba inconsciente. La llevamos al hospital, y después de un rato el doctor nos dijo que entráramos para despedirnos, pues ya no había nada que hacer. Mi papá, mi hermana y yo entramos, le dijimos cada uno unas palabras al oído y, en ese mismo instante, mi mamá murió.

Me acuerdo solamente de la mitad de lo que pasó du- vivir. Recuerdo haber vuelto del funeral y encontrar a mi hija Antonia de diez meses muy enferma: estaba ardiendo en fiebre. Creo que era una enfermedad viral, tal vez roséola, sinceramente no recuerdo bien, solo tengo un recuerdo borroso de un momento muy duro en donde poco o nada podía entender sobre todo lo que estaba sucediendo. Yo seguía lactando, así que saqué las fuerzas que pude para seguir haciéndolo mientras ella mejoraba, pero unos días después yano pude más: dejé de lactar a pesar de que me había

prometido a mí misma que lo haría hasta que mi hija tuviera un año. Una semana después renuncié. Sentía que no tenía fuerzas. Ya no podía seguir empujando. Ya no podía seguir viviendo en automático.

La vida tiene formas muy interesantes de mostrarnos una y otra vez las cosas que quiere que escuchemos y aprendamos para crecer como seres humanos y vivir mejor. Pero por andar en automático y ocupados nos cuesta escucharlas.

Muchas veces, como me pasó a mí o como le pasó a Carolina, la mamá de quien te hablé en el capítulo pasado, nos resistimos a escuchar esos mensajes de la vida y no hacemos los cambios que tenemos que hacer, sino solo hasta que hemos llegado al límite, empujadas por una situación o circunstancia difícil.

Pero: ¿Por qué esperar a que las dificultades nos hagan cambiar? ¿Por qué esperar a que el dolor nos haga buscar una mejor manera de vivir?

Hoy te invito a que no esperes, porque aunque es muy cierto que el dolor nos permite fortalecernos y crecer, hay un motivador que está ahí y es más importante: nuestra familia, y, sobre todo, nuestros hijos. Ellos nos necesitan plenas y presentes hoy, no mañana ni cuando ya hayamos llegado a un límite arrastrados por una situación difícil. El momento de estar presente con ellos es AHORA.

Otra razón muy importante eres tú porque, además de ser mamá, eres mujer y es importante que no te olvides de ti.

Ni la familia, ni el trabajo, ni nada justifica que te olvides de ti. Como dicen cuando abordamos un avión: es importante que tú te pongas la máscara de oxígeno antes de ayudar a otro. Lo mismo pasa con la maternidad, si tú no estás bien, si tú no tienes oxígeno, es muy difícil que puedas dárselo a tus hijos.

RECONOCER SI ESTÁS EN DONDE QUIERES ESTAR

La muerte de mi mamá fue y es el suceso más duro de mi vida hasta ahora. Mi mamá era una parte central de mi vida, de ella aprendí la importancia del amor por la familia y por los hijos.

El dolor de perderla fue inmenso, pero a pesar de eso decidí ver ese momento como una nueva oportunidad que la vida me estaba dando de parar, reflexionar y cambiar de dirección. Después de tomarme unas semanas para sanar y procesar mejor todo lo que había pasado, empecé a preguntarme muchas cosas: ¿Estoy viviendo la vida que realmente quiero? ¿Estoy viviendo mis días intencionalmente en lugar de vivirlos en automático? ¿Estoy siendo la mamá que quiero ser para mis hijas? Las respuesta que llegaba a mí una y otra vez era: No.

Hoy, después de haber pasado por todo este proceso, puedo decirte que un primer paso importante en tu camino hacia una vida más plena debe ser el cuestionar la forma en que estás viviendo HOY:

¿ Estás viviendo la vida que quieres vivir?
¿ Estás viviendo tu maternidad como la quieres vivir?
¿ Estás construyendo diariamente la relación que contigo misma, con tus hijos y con tu familia?

El objetivo de esto no es que te lamentes sobre tu situación actual: es reconocer en dónde estás y darte cuenta si es necesario que empieces a moverte hacia donde realmente quieres estar.

Cuando empecé a hacerme todas esas preguntas y logré reconocer que no estaba en donde quería, empecé a moverme con más fuerza que nunca, a buscar respuestas, a buscar reconocerme, y, sobre todo, a trabajar para entender en dónde quería estar realmente. Esta vez estaba convencida de que sin un norte claro, sin un propósito, sin una brújula, terminaría perdiéndome de nuevo.

Me metí de cabeza a leer y seguir autores y pensadores que creyeran en la posibilidad de vivir diferente, de vivir plenamente. Leí muchos libros y escuché innumerables *pódcasts* que me abrieron la mente y me hicieron ver que lo que yo buscaba sí era posible. Libros como *Do Less* de Kate Northrup, *Playing Big* de Tara Mohr, *Work-Pause & Thrive* de Lisen

Stromberg, *Piensa como un monje* de Jay Shetty, *Los dones de la imperfección* de Brené Brown, *Plenitud* de Carolina Lasso y muchos otros, que comparto contigo en el anexo de recursos al final de este libro.

La lectura me abrió la mente a un mundo de posibilidades increíbles, pero sabía que tenía que ir un paso más allá y por eso decidí inscribirme en el programa de *coaching Playing Big*, de Tara Mohr, un programa especialmente diseñado para mujeres que buscan ser más fieles a sueños que a sus miedos. Una experiencia realmente transformadora que me ayudó a reconocer y trabajar muchas de mis creencias limitantes y a tomar acción hacia la construcción de una vida más plena y diseñada con intención. Empecé a descubrir que en mis manos estaba la posibilidad de vivir de una manera más intencional y consciente.

Fue entonces cuando empezó mi verdadero proceso de transformación: mi camino hacia reconectarme con mi esencia, conocerme a profundidad y construir mi brújula de vida; aquella que hoy guía cada una de mis decisiones, y espero lo siga haciendo por siempre.

EMPIEZA A TRABAJAR EN CONSTRUIR TU BRÚJULA DE VIDA

Si a través de reflexionar acerca de tu vida reconoces que quieres estar en un mejor lugar de aquel en el que estás hoy, el siguiente paso es que empieces a construir una brújula para tu vida. Ya sabes que no quieres estar en donde estás hoy, ahora debes trabajar en definir con claridad: **¿En dónde quieres estar?** Tener esto lo más claro posible antes de tomar cualquier decisión o hacer cualquier cambio en tu vida te permitirá empezar a dar pasos con mayor confianza. No puedo prometerte que el camino va a ser fácil, pero sí puedo prometerte que te vas a empezar a sentir mucho más liviana y a disfrutarlo con todo y tropiezos incluidos.

Mi propio proceso fue bastante curvo: leí mucho, consulté muchas fuentes, contraté *coaches*, me perdí varias veces y volví a encontrarme. Este capítulo me costó escribirlo: tenía tantas herramientas para compartir que no sabía por dónde empezar, pero entonces me puse como objetivo el construir un modelo sencillo y práctico que pueda ayudarte a ti a hacer tu proceso de una manera más sencilla, al fin y al cabo las mamás necesitamos eso: herramientas prácticas que podamos aplicar sin sentirnos abrumadas.

Pensando en esto y después de mucho analizar, desarrollé este modelo sencillo de tres pasos (vamos a hablar un poco de cada uno, pero lo más importante es que hagas el ejercicio que encontrarás al final del capítulo).

Paso 1: Conéctate con tu esencia: ¿Quién eres?

Paso 2: Define tus valores guía: ¿Qué es lo más importante para ti hoy?

Paso 3: Empieza a vivir con propósito: ¿Qué vas a hacer para poner tu esencia y tus valores a trabajar en tu vida diaria?

Estos tres pasos van a actuar como una especie de "brújula para tu vida", pues te darán un norte muy claro que te permitirá identificar cuando vayas por buen camino o cuando estés empezando a desviarte.

Conéctate con tu esencia ¿Quién eres?

Uno de los pasos que más me ayudó en medio de todo este proceso de construir mi propia brújula fue volver a conectarme con mi esencia: recordar quién era yo realmente. No quién me dijeron que tenía que ser, sino quién era yo en mi esencia. Cuando niña era curiosa, tímida, soñadora (recuerdo que frecuentemente me decían que "vivía en la luna"), creativa y me gustaba ayudar a los demás. Los recuerdos que más guardo en mi memoria de mi infancia y el colegio se centran alrededor de dos cosas: la primera, pintando y pintando en hojas blancas de papel, soñando con mundos de colores. La segunda, brindando compañía y apoyo a algunas niñas del salón que se sentían solas e incomprendidas porque eran "diferentes" y frecuentemente rechazadas u oprimidas (en el fondo creo que me identificaba con ellas, ya que yo siempre me sentí un poco diferente).

En mi caso particular, que puede no ser el tuyo, este pedazo de la construcción de mi brújula me tomó mucho tiempo, pues llevaba muchos años desconectada de mi esencia. Mientras crecía recibí mensajes muy fuertes alrededor de esas dos cosas que eran tan naturales para mí: la creatividad y el servicio. Al parecer esas eran "habilidades blandas" que difícilmente me ayudarían a ser exitosa y tener una vida financieramente estable. Entonces decidí guardar los lápices y colores entre un cajón y con ellos mi vocación de servicio. Al final el problema nunca estuvo en haber estudiado ingeniería (finalmente, hoy lo entiendo así). Esta carrera me abrió puertas, me expandió la mente, me permitió viajar a Estados Unidos, estudiar en una de las mejores universidades del mundo y conocer personas increíbles. El problema fue haberme creído la historia de que para ser exitosa tenía que olvidarme de mi lado creativo y mi vocación de servicio. Mi educación me abrió muchas puertas, pero mi desconexión con mi esencia, mis valores y mi propósito me impidieron utilizar mi conocimiento y mis fortalezas en algo que realmente tuviera un significado para mí, algo que me permitiera brillar DESDE mi esencia.

Esa es mi historia, ahora quiero que pienses: ¿Cuál es la tuya? Recordar tu infancia (quién eras en esencia antes de la influencia de tantos mensajes y expectativas externas) te ayudará a identificar esas cosas que te caracterizan desde pequeña y que no debes ignorar por nada del mundo si quieres construir una vida con propósito.
Reflexionar acerca de tu vida y de quién eres (NO qué haces) te permitirá reconocer cuáles son esas características

que te hacen única y que deberían estar presentes en la mayoría de tus días y en tus diferentes roles (mujer, profesional y mamá).

Define tus valores guía

Los valores guía son cualidades o energías que representan aquello que es más importante para cada una de nosotras. Quizás tú valoras la estabilidad y la honestidad, o de pronto para ti es más importante la autenticidad y/o la presencia. Para mí, la familia, la creatividad y el aprendizaje son tres de mis valores más importantes. Cada una de nosotras tiene su propia lista y, aunque puede haber uno o varios valores que nos acompañen toda la vida, hay otros que pueden llegar a cambiar de acuerdo a la fase de vida en la que nos encontremos. Es muy probable que algunos de nuestros valores cambien durante momentos de transición que atravesamos, por ejemplo, cuando nos graduamos o nos retiramos, cuando nos casamos, cuando nos mudamos de ciudad o país y, claro está, cuando nos convertimos en madres. Es importante que aprovechemos la transformación de la maternidad para hacer un pare y revisar cuáles son esos valores que nos definen ahora, pero también que los estemos revisando periódicamente pues nuestra vida cambia y evoluciona todo el tiempo.

Los valores guía son esas cosas que cuando las vives te hacen sentir plena y cómoda en tu propia piel, como esa sensación de paz que tienes cada vez que regresas a tu hogar. Cuando honramos nuestros valores a través de lo que hacemos en el día a día, nos sentimos bien, sentimos que logramos expresarnos y pertenecer como somos, las cosas fluyen. Cuando no honramos nuestros valores nos sentimos estresadas, cargadas, sentimos que no pertenecemos, disfrutamos menos de lo bueno y nos frustramos más fácil ante cualquier dificultad.

La vida es la vida y siempre habrá situaciones externas que no podemos controlar y que pueden alejarnos momentáneamente de nuestros valores, lo importante es que recordemos que tenemos el poder de tomar decisiones y hacer los cambios que sean necesarios para que la mayoría del tiempo nuestra vida sea coherente con nuestros valores guía.

A mí personalmente me gusta llamar a nuestros valores, "valores guía" porque sirven como eso: como una guía que nos acompaña siempre y que nos puede ayudar a reconocer cuando estemos empezando a desviarnos y sea necesario hacer ajustes.

Desde que yo hice el ejercicio de definir mis valores explícitamente y escribirlos, nunca más los olvidé: los llevo conmigo a todas partes. Cuando empiezo a sentirme desbalanceada (porque somos humanos y a todos nos pasa) los traigo de regreso y entonces es más fácil para mi priorizar lo importante y hacer los ajustes necesarios.

Pregúntate:

¿Qué es lo realmente importante? Y entonces ten la sabiduría y el coraje de construir tu vida alrededor de esa respuesta. **Anónimo**

EMPIEZA A VIVIR CON PROPÓSITO

En la medida en que nosotras las mujeres encontremos sentido de propósito en lo que hacemos, lograremos traer sanidad y compasión a este mundo que tanto lo necesita, **Tara Mohr.**

Otra de las razones por las cuales no logré estar verdaderamente presente con mi hija cuando renuncié al mundo corporativo es que seguía librando una batalla muy fuerte entre la persona exitosa que pensé que debía ser y la persona que realmente quería ser. Seguía librando una batalla entre lo que era importante para mí y lo que me habían enseñado que era importante. Esa batalla interna consumía mi energía y me dejaba en un estado de frustración constante. Vivía de mal genio y peleando contra el mundo. En ese momento no lo entendía, pero hoy lo veo con mucha claridad: esa frustración venía de un lugar muy profundo en mi interior que se sentía completamente ignorado. La raíz de esa frustración era la desconexión con mi esencia, mis valores y mi verdadero propósito de vida. Eso no me permitía disfrutar al 100 % de mi vida ni de mi maternidad. Y mucho menos me estaba ayudando a cumplir con mi propósito de ser una mamá verdaderamente presente.

Por eso hoy estoy convencida de algo: encontrar sentido en lo que hacemos es un paso fundamental para que podamos vivir mejor y, por lo tanto, ser mujeres más plenas y madres más presentes. Si somos valientes y nos embarcamos en este proceso, no solo estaremos mejorando nuestra calidad de vida y la de nuestros hijos, sino que estaremos aportando a la construcción de un mundo más auténtico, más humano y más compasivo, algo que necesitamos con urgencia.

Reconozco que este proceso puede llegar a ser confuso y percibido como algo lejano y difícil de aterrizar. Hoy en día se habla mucho de propósito, pero frecuentemente se nos presenta como algo etéreo, difícil de encontrar. Escuchar hablar de propósito como si fuera un tesoro perdido al final de un arcoíris puede llegar a generar expectativas demasiado altas y, con ellas, mucha ansiedad: ¿Si fallamos en encontrarlo estaremos por siempre condenadas a vivir sin sentido, sin consciencia, sin plenitud?...¿Por los siglos de los siglos, amén?

¿Recuerdas cuando hablamos de perfeccionismo y altas expectativas? Lo único que estas cosas logran al final es alejarnos de dar el primer paso. Nos da pánico hacer cualquier intento porque de entrada es poco probable que tengamos éxito, lo mismo pasa con el propósito. Por eso hoy quiero decirte: respira profundo, suelta esas expectativas tan altas y empieza a verlo como un proceso que no solo es totalmente

lograble, sino que también puede ser práctico y divertido.

Una de mis definiciones favoritas de propósito es la de Rich Fernandez, CEO de Search Inside Yourself, exdirector de educación ejecutiva en Google y practicante de *mindfulness* desde hace más de treinta años:

La construcción de propósito es un proceso continuo de de- sarrollar un entendimiento de aquello que es más signifi- cativo para ti, y alinear tus acciones y comportamientos en el mundo para que sean COHERENTES con eso. Es una labor que requiere tiempo, práctica, imaginación, compasión, cu- riosidad y sensibilización amable. Es un proceso hermoso, a veces doloroso, que evoluciona y con el cual puedes crear una relación durante toda tu vida.

Ahora quiero compartirte tres mitos y realidades que espero te ayuden a ver el propósito desde una óptica más aterrizada y práctica:

Mito #1: El propósito se encuentra (como si fuera un tesoro al final del arcoíris)

Realidad: El propósito se CONSTRUYE. Casi cualquier actividad, si se le pone la intención correcta, puede convertirse en algo que haces con mayor sentido de propósito. Nosotros tenemos el poder de moldear aquello que hacemos día a día para que tenga mayor significado y sentido de propósito.

Esto me recuerda la historia de Curtis Jenkins, un conductor de bus de colegio en Estados Unidos. Curtis no se resignó a ser un conductor de bus más. Curtis se aprendió el nombre de cada uno de los niños a los que transportaba, su fecha de cumpleaños, sus gustos. Le asignó a cada uno de ellos una responsabilidad dentro del grupo y convirtió cada viaje en una aventura. Transformó un trabajo rutinario como puede ser manejar un bus, en un momento significativo tanto para él como para los niños.

Si eres mamá soltera o la principal proveedora de tu familia, es bastante probable que no puedas renunciar a tu trabajo para ir a buscar otro que esté más alineado con tu propósito, pero sí puedes encontrar otras maneras de construir una vida con más propósito: ¿Cómo? Buscando intencionalmente retos o actividades que te permitan brillar desde tu esencia, teniendo claros tus valores para definir prioridades y estableciendo límites para hacer más de lo que te importa y menos de lo que no.

Mito #2:
El propósito proviene de una única fuente y general-
mente es lo que haces como ocupación principal.

Realidad: El propósito en nuestra vida puede provenir de varias fuentes, tanto de nuestra ocupación principal como de nuestra vida personal, hobbies, relaciones, la maternidad, actos de servicio, etcétera.

Mito #3:
Tu propósito es el mismo a lo largo de toda tu vida.

Realidad: Tu propósito puede variar dependiendo de la etapa de la vida en la que estás. Por ejemplo, cuando nos convertimos en madres es apenas lógico que empecemos a encontrar más sentido de propósito en cosas como tiempo con nuestra familia, mientras que más adelante en la vida es natural que empecemos a encontrar mayor significado en actividades como viajes, hobbies, etcétera. Recuerda: No se trata de encontrar un tesoro perdido al final de un arcoíris. Se trata de vivir tu vida con intención. Para mí el propósito no es más que aquello que decides hacer día a día para darle más significado a tu vida. Vivir con propósito se trata de vivir plenamente el momento presente y de acuerdo con dos cosas fundamentales: TU ESENCIA y TUS VALORES (para profundizar en ellas te invito a hacer el ejercicio al final del capítulo).

La Maternidad como propósito

De acuerdo con un estudio hecho por la Universidad de Harvard, las fuentes más grandes de propósito en la vida de los seres humanos son las relaciones afectivas y los actos de servicio. La maternidad es la unión perfecta entre ambas y por eso puede llegar a ser una fuente inagotable de propósito en nuestras vidas. Pero ¿De qué depende que sea así?

De la manera en que la abordamos en nuestro día a día. Por eso es muy importante que pares, reflexiones y te hagas la siguiente pregunta:

¿De qué manera puedo abordar la maternidad para que sea una fuente diaria de propósito y no una fuente constante de estrés?

Haz una pausa y tómate el tiempo de responder esta pregunta. Escríbela en un *post-it* visible y deja que esto se convierta en algo que recuerdes día a día.

Pega tu *post-it* aquí

Es muy importante que reflexionemos sobre la labor que vinimos a hacer como madres en este planeta. Sacudirnos de todas esas creencias y expectativas tóxicas (algo que ya empezamos a trabajar desde el capítulo anterior) para definir qué es lo verdaderamente importante para nosotros como madres. Para eso haremos un ejercicio al final de este capítulo. El propósito: hacer menos de todo aquello que nos resta energía y más de todo aquello nos da energía para que podamos ser madres más plenas y presentes.

Es importante que paremos y nos tomemos el tiempo de pensar en cuáles son aquellas cosas que nos caracterizan (nuestra esencia) y que si fomentamos más en nuestro día a día nos permitirán entregar lo mejor de nosotros a nuestros hijos.

Cuando yo hice el proceso para reconectarme con mi esencia creativa decidí generar con más frecuencia espacios donde me siento a pintar y crear con mis hijas. Compramos materiales, nos sentamos a hacer proyectos, pintamos, nos ensuciamos y exploramos a través de proyectos creativos. En estos espacios logro brillar desde mi esencia y esto me permite crear una conexión especial con ellas.

Ahora, seamos realistas: la maternidad no siempre es divertida, ni se trata de vivir jugando y pintando. Las pataletas, los conflictos, las exigencias del colegio y las actividades de nuestros hijos son responsabilidades reales y demandantes, por eso es tan importante que dejemos de vivir en automático y ahogadas por listas de pendientes interminables, en donde la maternidad se termine convirtiendo en una "cajita más para chequear". Tenemos que priorizar y vivir de acuerdo a lo que es verdaderamente importante, siendo conscientes de que esos momentos retadores igual llegarán, pero entonces tendremos la energía y el foco suficiente para ser capaces de parar, respirar y recordar la importancia de nuestro rol como guías de pequeños seres humanos. Si nosotros somos capaces de amar y servir a nuestros hijos, ellos crecerán para ser buenas personas y contribuir a la construcción de un mundo mejor.

Encontrar propósito en la maternidad puede empezar por vivirla día a día de manera más consciente, siendo cuidadosas de no caer en ningún extremo: que la maternidad se convierta en nuestro único propósito y nos olvidemos de que somos mujeres con sueños propios o que nos concentremos tanto en nuestro trabajo o vida personal y que se nos olvide que la maternidad es una oportunidad única para crear riqueza y propósito en nuestra vida.

Herramientas y prácticas que te ayudarán en este proceso

Meditación y *mindfulness* (atención plena) Empezar a meditar no fue fácil para mí, intenté varias veces y, aunque me gustaba, sentía que no podía mantener la concentración y entonces me frustraba y me daba por vencida. A pesar de eso, seguí intentando, meditaba siete a diez minutos diarios con la ayuda de una aplicación hasta que logré establecer el hábito y empecé a sentir todos sus beneficios. Comencé a sentirme mucho más centrada y a afrontar con más tranquilidad los retos del día a día. Empecé, también, a escuchar con más fuerza mi voz interior (esto me permitió conectarme mucho más con mi esencia).

Mi recomendación es que empieces por leer sobre estas prácticas: meditación y *mindfulness* (te dejo algunos recursos al final del libro) y que empieces por una práctica corta, pero regular, de tan solo siete minutos al día. A mí particularmente me funciona hacer esto a primera hora de la mañana, antes de que mis hijas se despierten. Claro: no todos los días lo logro y nunca te pediría lo mismo, porque sé muy bien que como mamás tenemos noches buenas y noches malas, semanas buenas y semanas malas. La idea con esto no es presionarte ni ponerte otra carga encima. Si no logras hacerlo en la mañana, está bien, pero no te resignes con eso: intenta apartar un espacio corto en tu día para meditar, hacer una práctica corta de mindfulness, reflexionar después de orar o como funcione mejor para ti (pero que sea algo que implique pausar, enfocarte y estar en silencio contigo misma). Para empezar, y mientras creas el hábito, te recomiendo utilizar alguna aplicación de las muchas que hay como Meditopia, Headspace o Calm. Puedes hacer una práctica guiada y luego regalarte un espacio corto en silencio. Si decides empezar tu práctica recuerda que no se trata de dejar tu mente en blanco, se trata de entrenar tu atención para empezar a ser más consciente de tus pensamientos y de esa forma poner tu atención en donde quieres ponerla: sin juzgar y entrenando tu nivel de foco y consciencia (empezar a decidir qué hacer con tus pensamientos, en lugar de que los pensamientos y emociones decidan por ti).

Un año después de estar meditando conocí la práctica del *mindfulness* a través de un curso en línea con Daniel Siegel y luego asistí al retiro del que te conté en el primer capítulo. Me enamoré de esta práctica, empecé a leer y estudiar para poderla aplicar en mi día a día y poderla compartir con otras mamás. Gracias a esta práctica empecé a ser mucho más consciente de todos mis pensamientos y mis emociones, a reconocerlos sin juzgar, y a actuar de manera más consciente (en lugar de reaccionar). Empecé a ser capaz de reconocer cuando estoy empezando a sentirme sobrecargada o desbalanceada. Esto me permite parar, preguntarme: ¿Qué necesito?, y tomar acción desde ahí (pedir ayuda, poner un límite, descansar, etcétera).

Quiero aclarar que el *mindfulness* no es una práctica religiosa, ni tienes que convertirte al budismo para practicarla: el *mindfulness* es un entrenamiento de la mente, un entrenamiento de la atención plena.

En un mundo tan demandante y acelerado, estoy convencida de que la práctica de *mindfulness* puede ayudarnos a mujeres y madres a afrontar nuestro día a día con mayor serenidad y consciencia, lo cual puede impactar positivamente a nuestras familias y toda nuestra sociedad. Ya hablaremos un poco más a profundidad sobre la práctica de *mindfulness* en el capítulo 6.

Otro gran beneficio de las prácticas de meditación y *mindfulness* es que te permitirán escuchar tu voz interior con más fuerza y conectarte con quien realmente eres. Esto te permitirá vivir tu día a día mucho más alineada con tu esencia, tus valores y tu propósito.

Estas prácticas de meditación o atención plena son entrenamientos de la mente, y así como un entrenamiento de tu cuerpo físico, como HIIT o cualquier otro, al principio cuestan mucho, pero con el tiempo y constancia terminan convirtiéndose en algo que fluye y que disfrutas. La clave es la CONSTANCIA. Cinco minutos diarios son mejores que una hora cada dos semanas.

Visualización del Mentor Interior No podía dejar pasar este capítulo sin compartirte una de las herramientas que más me ayudó a moverme hacia construir una vida más auténtica y más plena. Es una herramienta originalmente diseñada por el Coaching Training Institute, pero que yo conocí durante mi programa de *coaching* con Tara Mohr.

Durante esta visualización de quince minutos vas a "viajar" a encontrarte con tu "futuro yo", esa mujer que quieres llegar a ser dentro de veinte años. Vas a visitarla en su hogar y vas a estar atenta a las imágenes y las sensaciones que lleguen: ¿Cómo es su energía? ¿Cómo es su presencia?¿En qué tipo de lugar vive y cómo se siente la energía de ese lugar?

Vas a poder preguntarle cosas que te serán muy útiles en el camino de construir una vida con propósito:

¿Qué tengo que saber para moverme de donde estoy hoy a donde ella está?
¿Qué ha sido lo más importante en su vida en los últimos veinte años?

Esta visualización te va a permitir conectarte con esa mujer que realmente quieres ser, esa versión 100 % auténtica de ti misma y preguntarte: ¿Qué tan cerca estoy de ser esa mujer?

Tu mentora interior es sabia y bondadosa y te puede mostrar caminos alternos a los que has recorrido antes desde el "deber ser". Tu mentora interior puede mostrarte la posibilidad de hacer menos de lo que "tienes que" hacer y más de aquello "que quieres" hacer. Tu mentora interior te enseña a escuchar tu intuición con más fuerza y a bajarle el volumen a los mensajes y las expectativas externas. Tu mentora interior te invita a fluir más y te muestra un camino más amoroso hacia adelante.

Yo creo - porque lo he visto en las miles de mujeres a las que he acompañado como coach - que existe una voz dentro de cada una de nosotras que vive sin miedo, sin inseguridades, llena de calma y de compasión por nosotras mismas y por los demás. Esa voz, ese mentor interior, sabe EXACTAMENTE el tipo de mujer que seríamos si con valentía nos mostramos y vivimos siendo 100 % nosotras mismas,

Tara Mohr.

Para empezar tu trabajo de mentor interior, aparta veinte minutos en un sitio cómodo y en silencio, prepárate para estar muy atenta a todas las imágenes y sensaciones que aparezcan. Trata de enfocarte en la energía, las emociones, la presencia que transmite tu mentor interior. Trata de no ser hiper racional y sobreanalizar sobre con quién estás (si, por ejemplo, estás o no con tu esposo o con tus hijos) o el lugar en donde estás (por ejemplo si estás en una playa no significa que necesariamente vayas a terminar viviendo en una playa, enfócate en la energía que te transmite ese lugar y los elementos de ese lugar que más conectan con tu mentor interior), trata de no ver todo de manera literal, explora los símbolos, las metáforas, los mensajes indirectos que puede haber detrás de cada detalle de tu visualización.

En mi página web (www.anagiraldo.co) puedes encontrar la visualización guiada por mi::

Si sientes que estuviste demasiado distraída durante la visualización, que no te movió emocionalmente o lo que viste te hizo sentir miedo, incomodidad o disgusto, no te preocupes, esto puede suceder, pero no te quedes con esa experiencia: Inténtalo al menos una vez más. Recuerda: esto no se trata de tener una experiencia "perfecta", sino de tener una experiencia real y auténtica (desde el corazón). Prepara esta hoja y un lápiz para poder tomar notas apenas termines de hacer la visualización. Describe tu experiencia durante la visualización. Escribe:

- Imágenes que viste

- Mensajes que te compartió tu mentor interior

- Lo que sentiste (sentimientos, energía)

- ¿Cómo era y cómo se sentía su hogar?

- ¿Cómo describirías su presencia?

- ¿Qué nombre tenía tu mentor interior? (si recibiste uno distinto al tuyo, investiga sobre el significado de ese nombre)

- ¿Qué quería que supieras tu mentor interior?

- ¿Qué podrías hacer hoy para que tu vida se viera más como la de ella?

- Piensa en una situación retadora de tu vida en este momento.

Conéctate con tu mentor interior de mente y corazón. ¿Cómo abordaría ella esta situación? Cierra tus ojos, tómate tu tiempo, y visualízala navegando esta situación ¿Cómo la está abordando?

Mentorías/Sesiones de *coaching* A través de las conversaciones que tuve con varias madres para la escritura de este libro, observé que muchas de las que a hoy han logrado construir una vida más plena y con un sano balance entre sus diferentes roles, son aquellas que han trabajado (y siguen trabajando) de la mano de un guía (*coach* o mentor). Esto también es completamente cierto en mi caso. Cuando empecé mi propio proceso me concentré en leer mucho, en escuchar *pódcasts* o conferencias virtuales y aunque esto me sirvió enormemente para abrir mi mente y reflexionar, aún me costaba mucho tomar acción. Mi avance más significativo ocurrió cuando empecé el programa de Coaching Playing Big de Tara Mohr. Ese fue un momento definitivo en mi proceso. Tomar acción es la parte más difícil en cualquier proceso de crecimiento. De nada sirve conocernos, reflexionar, entender cosas, si no logramos movernos hacia adelante y ahí el papel de un *coach* es fundamental.

Escucharnos a nosotras mismas (y a nuestro mentor interior) es fundamental, pues no hay nadie que nos conozca mejor que nosotras mismas, pero la mirada objetiva de un mentor o *coach* externo nos permite acceder a más conocimiento (o autoconocimiento) y avanzar más rápido. Por más abiertos que estemos a reconocer y trabajar creencias limitantes y crecer, todos tenemos puntos ciegos y temas en los cuales nos cuesta trabajar más. Una tercera persona nos puede ayudar no solo a ver aquello que nos cuesta ver (o no queremos ver), sino a trabajar en sobrepasar estos obstáculos sin desfallecer en el intento.

Hoy en día yo no dejo ni dejaré de recorrer mi camino de la mano de mentores y *coaches*. Es más, para la escritura de este libro, he contado con la guía y apoyo de mi *coach* actual (Beatriz Gómez) y su acompañamiento ha sido fundamental. Estoy agradecida porque sin ella no habría logrado los avances que hoy he logrado y que has visto plasmados hasta aquí.

La vida es un camino continuo de aprendizaje y que mejor que recorrerlo de la mano de personas sabias que puedan regalarte apoyo y sabiduría.

Herramientas de Autoconocimiento Un paso fundamental hacia vivir una vida más plena es el de conectarnos con nuestra esencia y entenderla. Esto tiene todo que ver con el autoconocimiento.

De uno a diez: ¿Qué tanto te conoces? Si sientes que no te conoces lo suficiente y que este es un punto en el que tienes que trabajar, te recomiendo trabajar de la mano de un *coach* experto en autoconocimiento. En mi caso particular, trabajé de la mano de Valentina Gutiérrez, *coach* especializada en una metodología que me parece muy completa: el Eneagrama de la personalidad (en el anexo de recursos te dejaré algunas fuentes donde puedes profundi- zar sobre esto).

Además del eneagrama de la personalidad, una metodología muy completa que maneja nueve perfiles de personalidad, existen otras herramientas muy valiosas. No voy a entrar en detalles porque aunque me encantaría esto sería casi un capítulo completo, pero acá voy a mencionarte algunas de mis favoritas:

- **Test de los 4 Dharmas:** Un test que te ayuda a situarte en uno de cuatro perfiles: el líder, el creador, el artesano o el guía (es gratis y puedes completarlo en línea o encontrarlo en el libro "Piensa como un monje" de Jay Shetty).

- **Descubre tus fortalezas:** Libro (con test incluido) por Tom Rath.

- **Assessment de personalidad desarrollado por Ray Dalio:** Es gratis y puedes completarlo en www.principlesyou.com **Ya tienes tu brújula de vida, ahora empieza a avanzar** Una vez termines de construir tu propia brújula de vida, debes empezar a utilizarla para avanzar, pero sobre todo para empezar a disfrutar mucho más el camino. Es importante que sepas que no por el simple hecho de tener tu brújula definida, el camino será más corto ni más recto. Sé curiosa, experimenta, intenta, pero sobre todo ten paciencia y mucha compasión con tu propio proceso. Tómate el tiempo que necesites, pero siempre recuerda: no tienes porqué quedarte en donde no quieres estar. Es importante que empieces a vivir de manera más intencional.

Antes de tomar cualquier decisión revisa tu brújula. Ten claro lo que quieres y recuerda: hay muchos caminos y muchas opciones. Ten cuidado porque el miedo probablemente llegará y podrán aparecer un montón de mensajes tóxicos, no solo en tu cabeza, sino de tu entorno relacionados con "los riesgos" de pausar para ser mamá, desacelerar tu carrera o tomar caminos alternos. Esto puede hacer que de entrada descartes algunas posibilidades que están ahí, disponibles para ti.

Es clave que durante este proceso reemplaces esos mensajes tóxicos y esos miedos por una mentalidad de apertura y curiosidad. Es clave que durante este proceso te permitas intentar cosas nuevas, experimentar y explorar opciones por "locas" que parezcan. Recuerda: a pesar del miedo que nos han infundado sobre el riesgo de priorizar lo que es importante para nosotras (sobre todo en nuestra vida profesional), la realidad allá afuera es muy distinta: hay millones de mujeres que lo han logrado, que han recorrido sus propios caminos a pesar de lo que muchos les dijeron y hoy por hoy son mujeres, madres y profesionales plenas que no guardan ningún remordimiento con respecto a sus decisiones.

No hay nada más curvo que la vida real y más cuando tenemos hijos. Existen millones de caminos y todos, oye esto, absolutamente TODOS son válidos mientras nos conduzcan a vivir la vida que queremos vivir y nos permitan ser las mamás que queremos ser para nuestros hijos.

En el 2020 realice una encuesta a más de 300 mujeres en Colombia, preguntándoles lo siguiente:

¿Qué decisión tomaron a nivel laboral después de haberse convertido en madres?

Estos fueron los resultados:

40 % siguieron trabajando como antes
28 % siguieron trabajando, pero con nuevas condiciones (horario reducido, flexibilidad, etcétera)
17 % decidieron retirarse por tiempo indefinido
11 % decidieron emprender
4 % decidieron ser independientes

Quise compartir esto contigo para que entiendas que los caminos son muchos y que no estás sola. Somos muchas las que al habernos convertido en madres hemos tomado caminos alternos para buscar equilibrio (si quieres ahondar más en esto te recomiendo leer el libro *Work, Pause and Thrive*, de Lisen Stromberg).

Aunque nuestros caminos pueden ser variados, al final todas buscamos algo parecido: tener una vida plena que incluya mucho más que un trabajo y un salario. Tener una vida plena que incluya ser mamás presentes sin tener que renunciar a nuestros sueños.

Un consejo que te doy es que antes de hacer cualquier cambio, sobre todo si es a nivel profesional, hables con una o varias mujeres/mamás que ya hayan pasado por situaciones similares. Pregúntales y pídeles que sean honestas con respecto a lo bueno, lo regular y lo malo de esa decisión que tomaron. Pregúntales los cambios que se dieron en su vida y en su maternidad a raíz de esa decisión y evalúa muy objetivamente si eso está alineado con lo que tú quisieras para ti y para tu familia.

No te concentres únicamente en contestar a las preguntas más obvias cómo: "¿Debo seguir trabajando o no?", "¿debo estar con ellos todo el día, medio día o cuánto?". Mejor pregúntate: ¿Qué puedo hacer/cambiar para sentirme plena y feliz? Los estudios lo confirman: el beneficio más grande a largo plazo para nuestros hijos radica en lo plenas que nos sintamos como mujeres. La decisión más importante que tenemos que tomar es ser FELICES. (¿De qué sirve ser una mamá que no trabaja, pero vive frustrada y le transmite eso a sus hijos? ¿De qué sirve ser una mamá que trabaja, pero no disfruta lo que hace y le transmite eso a sus hijos?).

Un último consejo: ten presente que una vez tomes tu decisión habrá muchas opiniones no solicitadas alrededor tuyo, unas te impulsarán y ¡Qué bueno!, pero otras probablemente aumentarán tus miedos:

¿Vas a dejar de trabajar? ¿Todos estos diplomas para terminar criando? ¿Vas a seguir trabajando? Ay pobres niños, van a crecer sin mamá . ¿Vas a emprender? ¿Y cómo vas a manejar el negocio y los niños?

Entonces, con más fuerza que nunca tendrás que aferrarte a TU propósito y TUS valores.

El camino que tomes siempre podrá cambiar, lo importante es que tu propósito y tus valores se mantengan firmes y te sirvan de brújula para no perderte y para no retroceder ante críticas destructivas.

Ahora puede ser que tu proceso de propósito no implique ningún ajuste en tu vida laboral, puede que lo que tu necesites sea hacer cambios en tu vida personal (tus relaciones, tus *hobbies*, tu maternidad, etcétera). Recuerda que cada camino es único, lo importante es que lo recorras con foco y con intención.

Recuerda esto:

- Tú puedes diseñar la vida que quieres, parando y reflexionando sobre lo que no está funcionando hoy y deberías cambiar.

- Tú puedes diseñar la vida que quieres: no desde el miedo, sino desde el amor.

- Tú puedes construir una vida más plena teniendo claros tus valores y tus prioridades.

- Tú puedes crear el balance que buscas levantándote cada día y buscándolo con intención.

- Tú no tienes que renunciar a tu bienestar y tu salud (pero sí a aquello que NO es importante) para lograr todo aquello que quieras lograr.

- Tú puedes ser una mamá presente sin renunciar a tus sueños.

> *Uno de los objetivos de construir una vida con propósito es la de desarrollar una habilidad de estar en sintonía con tu mente, corazón y cuerpo, para que puedas reconocer cuándo estás a punto de extraviarte y puedas encontrar la manera de regresar. Igual de importante es tener la claridad que te ayude a reconocer esos momentos en los que tu camino y tu propósito están alineados para que puedas celebrar con gratitud.*

> **Rich Fernández**

EJERCICIO PRÁCTICO:

Construyendo la brújula para tu vida

PASO 1: Conéctate con tu esencia (¿Quién eres?)

PASO 2: Define tus valores guía (¿Qué es importante para ti hoy?)

PASO 3: Empieza a vivir con propósito: ¿Qué vas a hacer para poner tu esencia y tus valores a trabajar en tu vida diaria?

PASO 1: Conéctate con tu esencia

Responde a las siguientes preguntas con mucha sinceridad y fluidez (sin pensarlo demasiado).

1. Cuando estabas chiquita ¿Qué era eso que te encantaba hacer? ¿Qué tipo de actividades o circunstancias atraían tu atención naturalmente?

2. ¿Cuándo has sentido que las cosas en tu vida y/o trabajo han fluido con menor esfuerzo?

3. ¿Cuándo te has sentido más viva y feliz en tu vida y/o tu trabajo?

4. ¿Cuáles son esas tres cosas que te energizan, que cuando las haces te sientes feliz y se te pasa el tiempo volando?

5. ¿Quién eres? (NO qué haces) Nombra palabras o frases (que no sean logros ni cosas externas)

6. ¿Cómo cambia la energía cuándo tú entras a un lugar? ¿Qué cualidades traes tú a un espacio?

7. Ahora vas a hacerle esta misma pregunta a entre tres y cinco personas (ojalá te conozcan en diferentes ámbitos: un amigo, un familiar, un compañero de trabajo, etcétera):

¿Cómo cambia la energía cuando yo entró a un lugar? ¿Qué cualidades traigo yo a un espacio?

Persona 1:

Persona 2:

Persona 3:

Persona 4:

Persona 5:

Repasa las respuestas a todas las preguntas anteriores y lis- ta entre 2 y 5 cualidades que te caracterizan y te hacen única:

PASO 2: Define tus valores guía (¿Qué es lo más importante para ti HOY?)

Ejercicio de valores

1. Recuerda una experiencia que te haya marcado en tu vida: un momento en donde te sentiste plena, en donde sentiste que siendo 100 % tú, fuiste feliz y te sentiste energizada, lo que llaman un estado de "flow" (ten cuidado de no escoger necesariamente momentos que hayan sido "importantes" para otros o para la sociedad, pueden escoger momentos "simples" pero que hayan sido significativos PARA TI).

2. ¿Qué valores tuyos viste expresados u honrados durante esta experiencia?

3. Piensa en una segunda experiencia y repite la pregunta dos para esta experiencia:

4. Ahora piensa en dos o tres personas a las que admires por la vida que llevan, mamás que admiras por la forma en que equilibran su maternidad con su vida personal, etcétera. Y pregúntate: ¿Qué valor o valores describen eso que admiras de esas personas?

5. Ahora reflexiona con detenimiento sobre las respuestas a las preguntas anteriores y anota entre tres a cinco valores guía que estén expresados en esas experiencias o perso- nas que admiras. También puedes hacer la meditación de tu mentor interior y traer valores de esa visualización. Intenta, explora y quédate con una lista de tres a cinco valores que sientas que verdaderamente representan lo que es más va- lioso e importante PARA TI, HOY(te dejo en el Anexo 3, una lista de valores para que puedas inspirarte si lo necesitas)

PASO 3: Ajusta tu brújula y empieza a utilizarla:

Escribe acá tu lista de características (tu esencia)	
	De 1 a 10 qué tanto estás aprovechando esta característica tuya en el día a día (1= casi nada y 10 por todo el tiempo)
Característica 1	
Característica 2	
Característica 3	
Característica 4	
Característica 5	

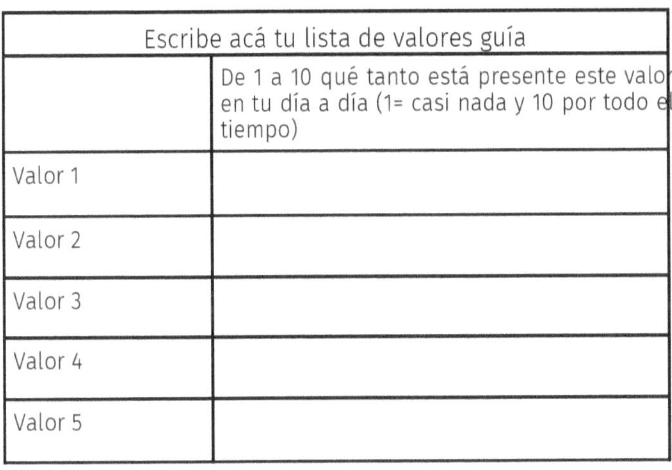

Escribe acá tu lista de valores guía	
	De 1 a 10 qué tanto está presente este valor en tu día a día (1= casi nada y 10 por todo el tiempo)
Valor 1	
Valor 2	
Valor 3	
Valor 4	
Valor 5	

Ahora selecciona de tu lista esas características y/o Valores guía que sientas que no están suficientemente presentes en tu día a día... Piensa qué podrías hacer hoy para que este talento o valor esté más presente en tu vida.

Característica o Valor	Personal / Profesional	Maternidad

... (Continuación) ¿Qué podrías hacer hoy para que este talento o valor esté más presente en tu vida?

Característica o Valor	Personal / Profesional	Maternidad

CAPÍTULO 4

BUSCANDO EL BALANCE

Durante este capítulo hablaremos sobre cómo manejar tu tiempo y energía con un propósito: que puedas encontrar balance y crear ese espacio que necesitas para ser una mujer plena y una mamá presente. Este no es un proceso que tiene un comienzo y un fin, esto es un trabajo diario. Probablemente pienses que eso de encontrar balance como mujer y mamá es algo imposible de lograr. Y sí, creo que es imposible si continuas viviendo en automático, si no cuestionas la forma en que te han enseñado a vivir y los mensajes tóxicos del entorno, creo que es imposible si no tienes tus valores y prioridades claras y empiezas a poner límites para protegerlos. Creo que puede ser imposible si dejas que los días te atropellen en lugar de planearlos y priorizar aquellas cosas que son verdaderamente importantes para ti.

Imagínate tratando de cruzar una cuerda delgada colgante que se encuentra sujetada entre dos árboles: así funciona el balance. El balance no es algo que se encuentra y ya, no es algo estático. En dado momento puede llegar un viento (o un vendaval) y ¡Pum! Nos puede mandar al suelo. Entonces tenemos dos opciones: darnos por vencidas o pararnos y volverlo a intentar. Encontrar el balance es algo que se trabaja diariamente con constancia, perseverancia y con la mirada fija puesta en nuestra brújula de vida (esa que construimos en el capítulo pasado).

Hace tres años yo perdí completamente el balance: Martina, mi hija de tres y medio tenía ataques de celos y problemas de comportamiento por la llegada de su hermana. Antonia, mi bebé de ocho meses, comía mucho y dormía muy poco. Yo la seguía lactando, tenía un trabajo exigente y apenas estaba recuperándome de la cirugía de remoción del lunar cancerígeno que tenía en mi cara. Fue entonces cuando llegó el vendaval más fuerte: la muerte de mi mamá. En ese momento caí con fuerza de la cuerda y aunque levantarme no fue fácil, un año después ya me sentía más estable arriba de la cuerda. Hasta que llegó el siguiente vendaval: la pandemia mundial del Covid-19. De un día para otro cerraron toda la ciudad, del colegio de mi hija nos mandaron todos los libros para empezar clases virtuales y la niñera ya no podía ayudarnos porque no podía desplazarse hasta nuestra casa. Tuve que aprender a cocinar y convertirme en profesora de mi hija de cinco años, mientras ayudaba a mis clientes actuales a adaptar su estrategia a esta nueva situación y hacía mi mejor esfuerzo para que mi chiquita no hiciera alguna travesura. Volví a caer de la cuerda...y de qué manera.

Recuerdo perfecto esa primera semana de cuarentena en que gracias a esos mensajes de perfección de los que hemos hablado se me ocurrió la brillante idea de hacer un ajiaco (para las que no son colombianas, es una sopa típica Bogotana con muchas papas criollas una papa amarilla pequeña y pollo). ¿Cómo iba a permitir que mis hijas comieran cualquier cosa? En mi modo "mentalidad de mamá perfecta" que me perseguía (y me persigue...pues esto es un trabajo constante) yo tenía que mantener el estándar de cocina casera que cocinaba regularmente la niñera. Ordené a domicilio todos los ingredientes para hacer un delicioso y perfecto ajiaco. Me puse a pelar papa por papa, lo cual me tomó bastante tiempo dado que el domiciliario escogió las papas más chiquitas que pudo encontrar, y a eso sume las constantes interrupciones de cada una de mis hijas. Finalmente lo puse a cocinar, pero no pude volver a revisarlo por un buen tiempo, pues tuve que salir a tratar de evitar que ocurriera otro desastre: mientras yo pelaba las papas, mi hija había untado medio tarro de bloqueador en uno de los sillones de la sala (el otro medio lo tenía untado en su chupo y su cara) y había rayado con marcadores una pared de la casa.

Cuando llegó la hora de comer el ajiaco, con orgullo lo serví en la mesa ¡Uf, al menos lo había terminado sin incendiar la casa! Entonces empezamos a comer y mi hija mayor me dice: "Mami no puedo comer esto, no pasa por mi garganta". En vez de sopa parecía un puré muy muy seco de papa con pollo. A mi favor, el sabor era bueno, pero por su

textura era incomible. Tocaba pasar cada cucharada con un buen trago de agua (o en mi caso, quizá, con una copa triple de vino). Para ese entonces, no había podido bañarme y tenía por lo menos diez mensajes de clientes esperando mi respuesta. Me senté en el piso y empecé a llorar. Mi cabeza no dejaba de dar vueltas y solo me preguntaba: ¿Cómo voy a hacer para acompañar en el colegio virtual a mi hija de cinco, cuidar a mi chiquita de dos, mantener la casa y mi negocio a flote sin ayuda y con mi esposo trabajando el doble?

Muy poco después de esto aterricé a la inevitable realidad: el confinamiento no iba a durar un par de semanas como inicialmente había pensado, iba para largo. Ya no podía seguir lamentándome indefinidamente. Tenía que encontrar una forma de navegar la situación sin perder de vista lo más importante: mi bienestar y el de mi familia.

Desde pequeña recibí (y me creí) el mensaje de que para lograr mis metas y ser exitosa el único camino era trabajar más y más fuerte, más y más duro. La idea de poder lograr "más haciendo menos" me parecía poco realista y hasta mediocre. Lo que aún no comprendía era que no se trataba de hacer menos, sino de hacerlo mejor: planeando, priorizando y siendo mucho más intencional con el uso de mi tiempo y energía. Además, la idea de planearlo todo siempre me había parecido un poco aburrida, creía que hacerlo iría en contra de la creatividad, la espontaneidad y la diversión en mi vida.

Pero en medio de un entorno tan impredecible y difícil como la pandemia, y muy a pesar de mi resistencia y mis viejas creencias, ya no me quedaba otro camino que intentar. Empecé a experimentar con distintas prácticas y herramientas de productividad y fui quedándome con aquellas que mejor se adaptaban a mi realidad como emprendedora, esposa, hija y mamá de dos chiquitas. Comprobé que sí era posible lograr lo que me proponía de una manera más amable conmigo. Empecé a darme cuenta de que entre más planeaba y más intencional era con mi tiempo y mi energía, más espacio iba encontrando para hacer cosas que me gustaban, algo que antes era solo un imaginario futuro en mi cabeza (si, esos: "algún día", "cuando mis hijos crezcan" etcétera).

También sabía que todas esas prácticas de productividad no servirían de mucho si primero no me enfocaba en cuidar mi herramienta más valiosa: mi cuerpo. Esto me llevó a leer y encontrarme con el trabajo de mujeres como Kate Northrup, Alisa Vitti y Mindy Pelz , que me abrieron la mente a algo que yo había ignorado por muchos años: la importancia de cuidar mi cuerpo, respetando y honrando mi naturaleza femenina.

¿Recuerdas que en el segundo capítulo hablamos sobre todas las dolencias y enfermedades que enfrentamos las mujeres del siglo XIX y que se han exacerbado en mujeres (vs hombres) en los últimos años? Muchas de estas dolencias son consecuencia de nuestro estilo de vida, porque el entorno y, sobre todo el mundo corporativo, nos fueron empujando a trabajar y funcionar de la misma forma en que lo hacen los hombres: de manera lineal y constante (sin descanso), ignorando la ciclicidad propia de nuestra naturaleza femenina. Es esencial que las mujeres y madres de hoy entendamos que hay una forma distinta de ser productivas, y que sí, claro que somos capaces de lograr grandes cosas, pero a nuestra manera y respetando nuestra naturaleza femenina, nunca renunciando a ella. Nuestra biología es única, y a diferencia de la masculina, es cíclica. Nuestro cuerpo cambia y nuestra energía fluctúa durante todo el mes.

Cómo lo explica la reconocida ginecóloga funcional Alisa Vitti en su libro *Flo, en sintonía con tu ciclo femenino*: cuando ignoramos nuestra naturaleza femenina pagamos un precio muy alto en cuanto a nuestro bienestar hormonal, físico y mental. Esto no solo puede conducir a problemas menstruales y de infertilidad, sino a otros problemas de salud importantes. Esa es la realidad, una realidad que creo que la mayoría

de nosotras puede evidenciar dentro de su círculo más íntimo. Mientras escribía este libro me enteré de que a varias amigas y familiares cercanas las diagnosticaron con dolencias comunes en mujeres del siglo XIX (enfermedades autoinmunes, síndrome de agotamiento o *burnout* y otras asociadas a estrés y/o estilo de vida). Son mujeres que conozco de cerca y a las cuales admiro profundamente. Son mujeres fuertes y mamás presentes. Cuando me enteré de sus diagnósticos me invadió un sentimiento de frustración. Después de la investigación que he hecho para este libro estoy convencida de que gran parte de sus dolencias se deben a tener que haber cargado un peso muy pesado de expectativas sobre ellas como mujeres y madres, un peso que las llevó a dejar su propio bienestar de último en la lista. Ellas no son culpables de lo que les está sucediendo y tampoco lo somos tú y yo (por vivir agotadas o con dolencias subyacentes asociadas a un pobre estilo de vida). Es hora de que todas despertemos y empecemos a cuidarnos y vivir más y mejor:
pornosotras y por nuestras familias.

APRENDIENDO A CUIDARNOS DE ACUERDO CON NUESTRA NATURALEZA FEMENINA

La energía de los hombres aumenta en las mañanas y disminuye en las noches y se comporta de la misma manera todos los días dentro del ciclo circadiano de veinticuatro horas. La energía de las mujeres, en cambio, varía día a día dentro del ciclo infradiano de veintiocho días (asociado al ciclo menstrual). ¿Te pasa que hay días en que puedes doblar tu tiempo de ejercicio y trabajo y otros donde con dificultad puedes lograr el uno o el otro?

Yo venía notando esto sobre todo con el ejercicio físico. Algunos días podía hacer dos clases seguidas de ejercicio cardiovascular y otros con dificultad lograba terminar una sesión de yoga de diez minutos. Cuando empecé a leer y entender sobre bienestar femenino y el ciclo infradiano entendí que este fenómeno de variación en mi energía era completamente natural.

Nuestro cerebro y nuestros niveles de energía pueden variar hasta un 25 % a lo largo del ciclo menstrual debido a la fluctuación en niveles de estrógeno. Esta variación influye en el funcionamiento de varios órganos y sistemas de nuestro cuerpo:

- Nuestro cerebro

- Nuestro sistema inmune

- Nuestro sistema gastrointestinal

- Nuestro sistema reproductivo

- Nuestro manejo del estrés

Por eso es tan importante que para encontrar balance empecemos por reconciliarnos con nuestra naturaleza femenina. Hacer esto nos permite cuidar mucho mejor de nosotras, pero sobre todo de nuestra energía, dejar de empujar constantemente y de manera lineal como lo hacen los hombres y aprender a parar e ir más despacio cuando es necesario. En mi caso, reconocer esto me permitió ser mucho más compasiva conmigo y aceptar (como algo natural) las fluctuaciones en mis niveles de energía y en mis estados de ánimo. Hoy en día durante mis días del periodo, especialmente los dos primeros, trato de sustituir el ejercicio físico por actividades de descanso (dormir más o darme un baño largo de agua caliente). También pido más ayuda y la recibo sin sentirme culpable o floja. Ah y nada de ajiacos...¡Que vivan los domicilios y la niñera "alias" Netflix!

¿Sabes por qué solemos ponernos más irritables con nuestros hijos durante la fase menstrual? No es porque estemos regludas, algo de lo que suelen acusarnos las personas alrededor nuestro (e incluso nosotras mismas), es porque tenemos menos energía disponible y cuando no la preservamos conscientemente, terminamos agotadas y con poca paciencia para relacionarnos con ellos.

Cuando aprendemos a ser más amigables con nuestro cuerpo y a honrar nuestra naturaleza femenina, todo funciona mejor. Al escuchar nuestro cuerpo y respetar sus ciclos, nuestro cuerpo y hormonas funcionan de manera óptima. Esto no son solo palabras lindas, son realidades biológicas. Cuando empieces a ser más consciente de tus ritmos y ciclos, te vas a dar cuenta de que tu cuerpo te lo agradece (y tu esposo y tus hijos también).

Cuando tus hormonas funcionan de manera óptima, se convierten en una fuerza que mejora todos los sistemas biológicos de tu cuerpo, aumentando tu estado de ánimo, creatividad, energía y mucho más. Cuando te sientes bien, tu productividad, tus relaciones y tu capacidad para ser madre mejoran. Sentirse bien te ayuda a alcanzar tus objetivos de vida sin tanto sufrimiento.
Alisa Vitti

LAS CUATRO FASES DE NUESTRO CICLO FEMENINO

Cuando éramos pequeñas y antes de que entraramos a la pubertad, nos explicaron que llegaría nuestro periodo y que con esto también vendría mucha incomodidad: sangrado, cólicos, cambios abruptos de ánimo, brotes en la piel, etcétera. De alguna manera el mensaje que recibimos muchas de nosotras fue que no había otro camino que convivir con ese "problemita", intentar minimizarlo y controlarlo para evitar un embarazo no deseado. Lo que olvidaron decirnos es que si aprendíamos a conocer nuestro ciclo, cada una de sus fa- ses y la manera en que cada una influencia nuestro cuerpo y nuestro cerebro, podríamos utilizar esto a nuestro favor para convertirlo en un súper poder.

Aunque aquí no podré entrar en suficiente profundidad (si te interesa ahondar más en este tema te recomiendo leer a Alisa Vitti o a la doctora Mindy Pelz) quiero compartir contigo información básica sobre cada una de las cuatro fases por las que pasa nuestro cuerpo durante el ciclo de veintiocho días y la forma en que cambia nuestra energía:

Fase Menstrual Días 1-5

Estrógeno y progesterona en niveles bajos. El cuerpo está en modo recuperación. Enfócate en Movimiento suave/medio. (caminar, yoga).
Enfoque: Recuperación suave.

Fase folicular. Días 6–10

El estrógeno empieza a subir. Mejora la energía y claridad mental. Puedes hacer ejercicio de mayor intensidad , y aprovechar para ser muy productiva.
Enfoque: Construir momentum

Fase de ovulación Días 11–15

Pico de estrógeno y testosterona. Máxima energía, confianza y rendimiento. Ideal para hacer ejercicio de fuerza, HIIT etc.
Enfoque: Máximo rendimiento

Fase Lútea temprana Días 16–21

Aumenta la progesterona , el cuerpo busca estabilidad.
Enfoque: Balance

Fase Lútea tardía Días 22-28

Baja la progesterona y puedes estar más suceptible a cambios de ánimo , estrés y antojos.
Enfoque: Proteger, descansar y nutrir.

Para hacer un seguimiento de tu ciclo te recomiendo utilizar alguna aplicación cómo Flo, o Clue.

A medida que nos dirigimos a un futuro donde hay cada vez más mujeres asumiendo posiciones de poder, es importante asegurar que nuestro conocimiento y educación acerca de cómo nos cuidamos sea consistente con nuestra biología y nos permita empoderarnos. Debemos darnos el permiso de liderar como mujeres y abrazar nuestra energía dinámica para defender los cambios que nuestro mundo claramente necesita. No hay nada más hermoso o más poderoso que una mujer valiente y dinámica.
Alisa Vitti

Ahora que ya hemos hablado sobre la importancia de cuidar tu herramienta más valiosa (tu cuerpo y tu energía femenina) quiero compartirte estas siete prácticas para mantener el balance y ser una mamá más presente. No tienes que seguirlas todas y no todas van a ser para ti. Ensaya, expe- rimenta y quédate con aquellas que mejor se adapten a tu estilo de vida y tu realidad como mujer y mamá.

PRÁCTICA - 1:
Ponte metas amigables y aterriza expectativas

Mi yo de hace unos años solía ponerse metas desde la men- talidad perfeccionista y de "mujer maravilla". ¿La consecuen- cia? Varias de ellas se quedaban en el papel (ahí se veían muy bonitas) y se convertían en un recordatorio que me mortificaba y reforzaba esos mensajes dañinos como: "Nun- ca cumplo lo que me propongo","No soy suficientemente dis- ciplinada", "Nunca me alcanza el tiempo", etcétera.
Cuando hice el programa de coaching "Playing Big" con Tara Mohr, aprendí que había una forma diferente y mucho más amable de poner metas. Aprendí a fijar metas retadoras, pero realistas (no perfeccionistas), amigables con mi estilo de vida y coherentes con mis valores y mi propósito. Metas que me ayuden a crecer, pero que no vayan en contra del ba- lance y la plenitud que busco constantemente en mi vida. Son retadoras, si, pero sé que las puedo cumplir bajo mi realidad de emprendedora, esposa, mujer y mamá de dos chiquitas.

Hoy después de ponerme mis metas para el año, el tri- mestre o el mes, paso cada una a través de tres filtros. De esa manera decido cuál se queda, cuál modifico y cuál se va.

Aquí te comparto los tres filtros para que puedas apli- carlos y generar metas más amigables con tu realidad como mujer y mamá:

Filtro #1: ¿Esta meta la generé desde la ambición o desde la autorrealización?

Las metas que deben quedarse son aquellas que generes desde la autorrealización. Aquí te comparto la diferencia entre las dos:

La ambición	La autorrealización
Necesidad de impresionar	Necesidad depotenciarloque unoes (autenticidad)
Necesidad de ganar	Búsqueda de vitalidad
Búsqueda de estatus	Búsqueda de creatividad
Necesidad de elogio	Ganas de aprender
Búsqueda de reconocimiento	Búsqueda de sentido
Motivada por el éxito	Motivada por desarrollo personal
Búsqueda de satisfacción momentánea	Búsqueda de satisfacción constante
Enraizadas en la inseguridad	Enraizadas en la autoestima

*Este ejercicio inicialmente tendrás que hacerlo muy consciente con cada meta, pero con el tiempo se vuelve algo casi automático.

Filtro #2: ¿Esta meta es coherente con mi propósito y mis valores?

Cuando tus metas están alineadas con lo que es verdaderamente importante para ti, en vez de vivir empujando vas a experimentar todo lo contrario: todo fluye y se cumple sin tanto desgaste de tu parte. Además, empezarás a disfrutar mucho más cada paso que das para llegar a la meta.

Filtro #3: ¿Esta meta es realista y amigable con mi estilo de vida? (Dado los recursos que tengo disponibles - tiempo y energía, sistema de soporte, recursos físicos , financieros etcétera)

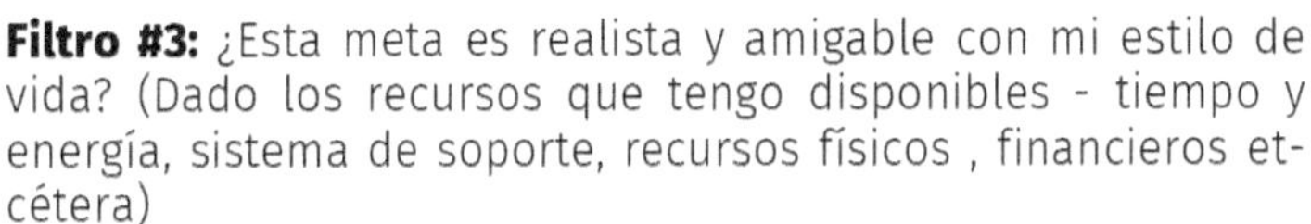

TIP: Olvídate de tus tendencias perfeccionistas.

Hace unos años mi meta era hacer yoga durante una hora por seis días a la semana. Nunca lo lograba y vivía frustrada, así que eso siempre me devolvía al punto cero: No hacer nada.

Con este filtro mi nueva meta se convirtió en "Hacer yoga diez minutos al día, cuatro días a la semana". Empecé a cumplirla, a sentirme feliz con los avances y eso me permitió llegar a donde estoy hoy: practicando yoga casi todos los días entre diez y veinte minutos, dependiendo de mi nivel de energía y la intensidad de mi semana.

Otra cosa que puedes hacer es partir tus metas grandes en varias metas pequeñas que puedas ir cumpliendo en tiempos realistas y sin sentirte agobiada.
Ahora sí: ¡Manos a la obra! Empieza a disfrutar de ponerte metas que SÍ vas a cumplir y que además te permitirán vivir una vida plena y ser una mamá más presente.

PRÁCTICA # 2:
Prioriza y utiliza tu tiempo de manera intencional

Vivimos en el mundo de las oportunidades, de las opciones infinitas. El internet nos ha dado acceso a eso: a miles y millones de oportunidades, de comprar, de hacer, de querer la vida de otros (sí, esa que muestran en las redes sociales), de viajar, de aprender, de conocer, etcétera. Esto es algo positivo, si y solo si lo aprendemos a manejar. Somos humanos y no podemos tenerlo todo y menos todo al mismo tiempo. Tenemos que escoger, filtrar y decidir qué es lo más importante para nosotros: ¿Por qué? Te lo respondo con una imagen muy sencilla, pero muy reveladora tomada del libro *Esencialismo* de Greg Mckeown:

Si analizas este diagrama detenidamente, puedes ver que la cantidad de energía es la misma en ambos casos, pero el avance en la derecha es muchísimo más que en la izquier- da: ¿Por qué? Porque el esfuerzo está concentrado en una sola dirección. Esa es la realidad: cuando nuestra energía vive disparada en mil direcciones se dispersa y terminamos logrando un montón de cosas a medias (diagrama de la izquierda) en lugar de lograr aquello que es más importante para nosotras (diagrama de la derecha).

Recuerdo ver todas esas mujeres con las uñas divinas, no solo alrededor mío, sino también en Instagram y Pinterest (¿Qué tal todos esos colores?). Quería que mis uñas se vieran así todo el tiempo, pero un día me puse a pensar si realmente esto era tan importante para mí como para invertir las horas que tenía que invertir cada semana (sí...también intenté el semipermanente, pero mis uñas crecen más rápido de lo que quisiera). Ese fue el final de mi *manicure* semanal. Con esto no te estoy sugiriendo que renuncies a tener tus uñas lindas (si esto es importante y te hace feliz a ti), lo que te quiero decir es que es importante reflexionar sobre todo aquello que quieres lograr en una semana y te preguntes ¿Cuáles son aquellas actividades que realmente agregan va- loren mi vida hoy? (no para la sociedad, ni para tus amigas, ni para nadie más: para ti). Las uñas, en mi caso (y otras cosas que he eliminado conscientemente), pueden esperar, y digo esperar porque sé que cuando mis hijas estén más grandes seguramente podré tenerlas arregladas cuando yo quiera (solo NO en este momento de mi vida). Aprendiendo a priorizar vas a poder conservar mejor tu energía y avanzar hacia tus metas sin vivir agotada y sin dejar de estar presente para tus hijos.

Para un momento acá y pregúntate:

¿Qué tanto priorizas lo realmente importante en tu vida?

Te pasa que te encuentras repitiendo frecuentemente la frase "Es que no me alcanza el tiempo para…".

¿Qué pasaría si en vez de pensar en el tiempo, pensaras en prioridades?

Completa la siguiente frase con algo que creas que es importante para ti, pero que hoy no estás haciendo por falta de tiempo:

 Es que no me alcanza el tiempo para ___________
(hacer ejercicio, meditar, leer, etcétera).

Ahora completa la siguiente frase con esa misma actividad:

 No ___________ porque no es mi prioridad.

¿Notas la diferencia? En esos tiempos en que vivía ocupada porque no priorizaba, constantemente me repetía a mi misma: "No tengo tiempo para leer". Cuando aterricé mi propósito y mis valores (uno de ellos el aprendizaje) entendí que debía convertir la lec- tura en una prioridad en mi vida. Esto no quiere decir que todos los días leo durante dos horas (recordemos la impor- tancia de fijar metas realistas y amigables con nuestro estilo de vida). Hay días en que solo puedo leer cinco minutos, pero leo. Leo en el parque mientras mis hijas juegan tenis, leo mientras espero a mi hija en el paradero del bus, oigo audio libros mientras voy en un trancón o camino a comprar algo que me hace falta.

Leo cuando puedo y sin excusas porque leer es una prioridad en mi vida. Seamos realistas: El día a día y las obligaciones de trabajo y la vida personal nos halan constantemente en mil direcciones haciéndonos perder el norte. He estado ahí y como mamá que ha pasado por todos los escenarios (trabajando en el mundo corporativo, emprendiendo y estando en casa con mis hijas) sé que puede pasar sin importar cuáles sean nuestras circunstancias.

Cuando no tenemos prioridades claras y alineadas con nuestros valores y propósito terminamos dejándonos llevar y arrastrar ya sea por exceso de trabajo, exceso de Netflix, exceso de WhatsApp o de *scrolling* en redes sociales.

Por eso es tan importante que utilicemos nuestra brújula de vida permanentemente, no solo para priorizar nuestras actividades diarias, semanales y mensuales, sino para dejar de hacer aquellas que no nos aportan, que nos alejan de nuestras metas y además nos impiden ser madres verdaderamente presentes para nuestros hijos.

Ahora te voy a invitar a hacer un ejercicio que tomé del libro *La magia de creer en ti* de Karina Petrovich y que para mí fue revelador a la hora de darme cuenta en qué estaba invirtiendo mi tiempo y pasar a decidir en qué quería inver- tirlo (de acuerdo con mi brújula de vida).

Es el ejercicio de mapear tu semana. Todas tenemos las mismas 168 horas en una semana, pero todo cambia cuando empezamos a preguntarnos y decidir conscientemente: ¿Cómo queremos vivirlas?

Recuerda dejar a un lado todos esos mensajes tóxicos del entorno que te han llevado a pensar que la única fórmula que funciona es trabajar incansablemente o renunciar a un montón de cosas para ser una profesional exitosa o una mamá perfecta.

Aquí te dejo el cuadro con el ejercicio que me permitió pasar de vivir mis semanas en automático a vivirlas conscientemente, de acuerdo con mi brújula de vida (al final del capítulo encontrarás un cuadro en blanco para que hagas tu propio ejercicio):

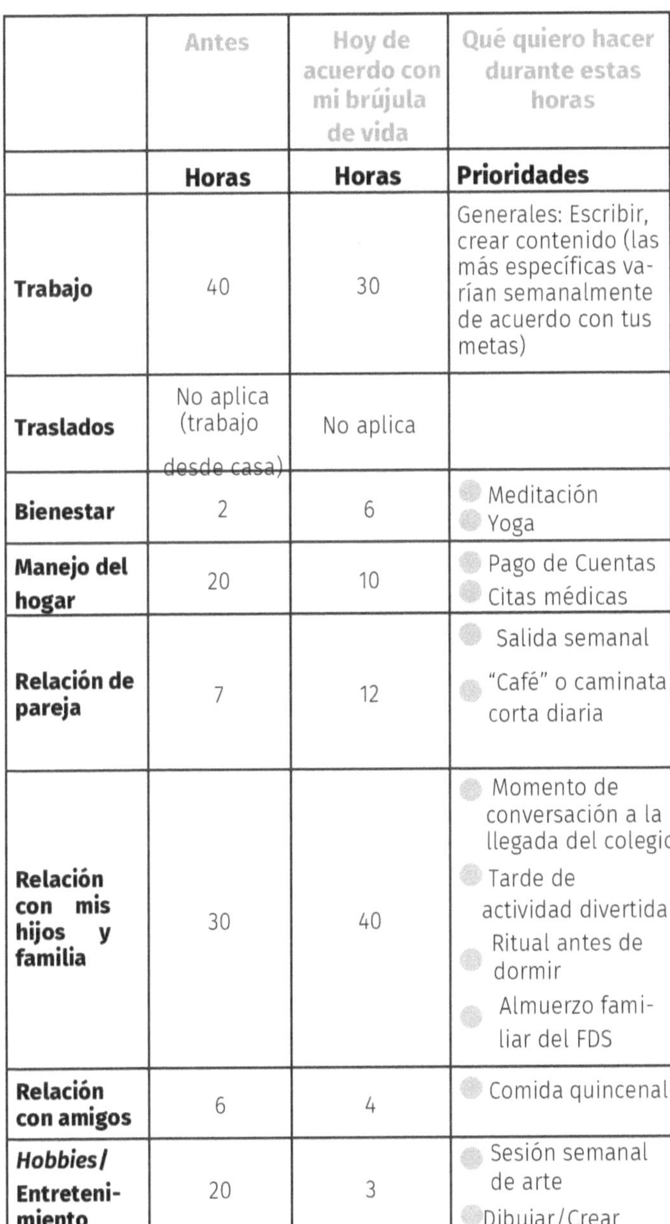

	Antes	Hoy de acuerdo con mi brújula de vida	Qué quiero hacer durante estas horas
	Horas	**Horas**	**Prioridades**
Trabajo	40	30	Generales: Escribir, crear contenido (las más específicas varían semanalmente de acuerdo con tus metas)
Traslados	No aplica (trabajo desde casa)	No aplica	
Bienestar	2	6	● Meditación ● Yoga
Manejo del hogar	20	10	● Pago de Cuentas ● Citas médicas
Relación de pareja	7	12	● Salida semanal ● "Café" o caminata corta diaria
Relación con mis hijos y familia	30	40	● Momento de conversación a la llegada del colegio ● Tarde de actividad divertida ● Ritual antes de dormir ● Almuerzo familiar del FDS
Relación con amigos	6	4	● Comida quincenal
***Hobbies/* Entretenimiento**	20	3	● Sesión semanal de arte ● Dibujar/Crear

	Antes	Hoy de acuerdo con mi brújula de vida	Qué quiero hacer durante estas horas
	Horas	**Horas**	**Prioridades**
Aprendizaje	1	6	Leer/Escuchar *pódcasts*
Sueño	42	56	
Total Horas	168	168	

Algunas observaciones importantes sobre este ejercicio:

- Esto no es estático, debe ir cambiando a medida que tu situación laboral cambie (o decidas que tiene que cambiar), tus hijos crezcan, etcétera. Tienes que revisarlo y ajustarlo cada cierto tiempo.

- Es posible que tú no puedas decidir cuántas horas trabajar a la semana (en mi caso particular tengo flexibilidad por ser independiente), pero SÍ puedes decidir qué tanto más quieres trabajar además de lo requerido por tu empleador. SÍ puedes decidir cuándo es hora de parar, poner límites y priorizar otras cosas en tu vida.

- Para lograr la disminución en el tiempo que dedicas al hogar no hay otra opción que empezar a soltar cosas, repartir cargas y aprender a delegar (hablaremos sobre esto en el próximo capítulo). Así fue como logré pasar de veinte a diez horas dedicadas al hogar en mi semana.

- Del tiempo que compartes con tus hijos, revisa cuánto es "tiempo estructurado" (por ejemplo, clases de tenis, estimulación, etcétera) y cuánto es "tiempo no estructurado" (conversar, ir al parque, salir a comer un helado, etcétera). Trata de que haya un equilibrio entre los dos e inclusive que haya más tiempo NO estructurado porque este es clave para generar una conexión profunda con tus hijos.

Si regularmente sientes frustración, rabia o resentimiento, si sientes que todos esperan demasiado de ti (tu jefe, tu pareja, tus hermanos, tus hijos, tu ________), si regularmente estás haciendo cosas que no quieres hacer, si sientes que vives estirada en mil direcciones, si nunca tienes un espacio para ti, si no puedes cumplir ni las promesas que te haces a ti misma, si siempre estás diciendo que sí a todo lo que te piden y proponen, si constantemente le estás arreglando los problemas a otros (incluyendo a tus hijos), entonces: te cuesta poner límites.

Tranquila, no estás sola. A la mayoría de mujeres nos cuesta poner límites y decir que no. Nos cuesta y nos cuesta mucho. Esto tiene sentido si nos devolvemos a entender la manera en que nos han enseñado a navegar este mundo: a ser "niñas buenas", a complacer a los demás, a dar lo mejor de nosotras, a buscar aprobación, a darlo todo, inclusive olvidándonos de nosotras mismas. En mi caso esto viene muy reforzado desde mi casa. Mi mamá siempre fue una mujer que complacía a todos, que arreglaba todos los problemas, que hacía todo, inclusive a costa de su propio bienestar y su salud mental. Es importante que revises tus creencias aprendidas sobre poner límites: poner límites no es egoísta, es necesario.

Poner límites es una forma de cuidarnos a nosotras mismas, de proteger y cuidar aquello que es importante para nosotras. Cuando aprendemos a poner límites sanos evitamos todos esos sentimientos de resentimiento, desilusión y rabia que se acumulan en nuestra vida, afectando nuestra salud mental y nuestra capacidad para estar verdaderamente presentes con nuestros hijos.

Aprender a reconocer nuestras emociones, a sentirlas; escuchar lo que ellas tienen para decirnos es un primer paso importantísimo para poder poner límites sanos. ¿Sabías que muchas veces cuando sentimos rabia es porque necesitamos poner un límite? Esto lo aprendí en el curso Mindful Change y para mí fue revelador. En ese momento entendí la razón por la que a las mujeres nos cuesta tanto poner límites. Desde pequeñas nos enseñan que "la rabia en nosotras se ve fea", entonces aprendemos a ingnorarla y suprimirla en vez de utilizarla para decir NO y proteger aquello que es importante para nosotras. Contrario a lo que nos han dicho, sentir rabia no es malo: lo malo es la manera en que la manejamos (o más bien la manera en que NO la manejamos). Cuando aprendemos a reconocer y manejar esta emoción podemos utilizarla para poner límites sanos y hacernos respetar. Como diría mi maestra de *mindfulness*, María Camila Urzola: "Utilizar esas gotitas de rabia" para parar, reflexionar y entender: ¿Qué necesito? ¿Qué límite debo poner en esta situación?

Cuando no ponemos límites sanos, los asuntos y las prioridades de los demás siempre serán más importantes que las nuestras. Las agendas y las necesidades de los demás terminarán inundando nuestros días y será imposible priorizar y proteger aquello que es verdaderamente importante para nosotras. Esa es la razón por la que esta práctica va inmediatamente después de priorizar. No te servirá de nada tener tus prioridades claras si no aprendes a poner límites alrededor de ellas. Tampoco servirá tener tu propósito y tus valores claros si no eres capaz de decir que no cuando algo va en contravía de ellos.

Piénsalo bien: ¿Cuántas veces haces cosas que no son importantes para ti, pero las haces porque no eres capaz de poner límites o decir que no? ¿Cuántas veces dejas que las prioridades de otros inunden tu agenda desplazando las tuyas?

Aquí te doy algunos consejos que te ayudarán a poner límites:

● Antes de decir que sí a cualquier cosa, pregúntate: ¿Esto va en línea con lo que es importante para mí (mis valores, mi propósito, mis prioridades)?

● Aprende a reconocer cuando el miedo te está impidiendo poner límites. Por ejemplo, si constantemente trabajas de más por miedo a tu jefe, a las consecuencias, etcétera. Si constantemente estás haciendo algo por una persona porque te da miedo perder su amistad o su cariño. Pregúntate: ¿Cómo puedo reemplazar el miedo por una emoción más sana y desde ahí poner un límite? (por ejemplo, en vez de pensar en la posible reacción de tu jefe, piensa en lo que ganarías: ¿Más tiempo con tus hijos? ¿Más tiempo para hacer ejercicio? Etcétera). Recuerda que el miedo es el peor moti- vador que existe.

Cuando sientas frustración o rabia, para, respira, acéptala y pregúntate: ¿Qué necesito? Si la respuesta es poner un límite/decir que no, hazlo. No será fácil, sobre todo al principio, a mí personalmente todavía me cuesta y MUCHO, pero la práctica hace al maestro.

Aprende a comunicar tu necesidad de poner un límite de manera amable, pero firme. Esto es más fácil decirlo que hacerlo y requiere mucha práctica. Es mucho más efectivo comunicar el límite haciéndote responsable por lo que sientes que hacerlo culpando al otro. Ejemplo: "Me siento incómoda cuando vienes a mi casa sin avisar: ¿Podrías avisarme antes de venir por favor?". En vez de: "Cuando vienes a mi casa sin avisar me haces sentir incómoda...".

Aprende a manejar la culpa que aparece cuando pones un límite respirando y trayendo a tu mente tus valores y prioridades. Aunque sentir culpa es difícil, ser conscientes del porqué estás poniendo el límite te permitirá ser más compasiva contigo misma (pasar de "estoy siendo egoísta, una mala persona, una mala hija (mamá/hermana/____) a decir, "estoy cuidando lo que es verdaderamente importante para mí").

Práctica 4:
Planea cada semana siendo amigable con tu realidad
de mamá

Lo más importante para tu planeación semanal es que la hagas en un momento de calma y claridad y no de estrés o de afán. De esa manera podrás priorizar de manera consciente y definir metas y pendientes desde un lugar de autorrealización y calma, y no desde un lugar de urgencia y desesperación.

Dos cosas que puedes hacer antes de empezar tu planeación y que me han funcionado muy bien:

Tómate un momento para conectarte con lo que es importante para ti:
Haz una meditación corta o simplemente toma unas cuantas respiraciones y trae a tu mente tu propósito, tus valores y a tu mentor interior.

Revisa en qué fase de tu ciclo estás y cómo te estás sintiendo:
Recuerda la importancia de escuchar tu cuerpo y respetar tu naturaleza femenina. Hay semanas donde puedes empujar con más fuerza y otras en donde te puedes dar más permiso para descansar.

Ahora sí, a planear:

● Cambia la lista diaria de pendientes interminables por una sola lista semanal que ojalá ocupe la mitad de una hoja tamaño carta (es decir una cantidad de pendientes REALISTA). Como mamás, tenemos días buenos y días malos. Tener una lista semanal nos permite adaptarnos mejor a las circunstancias: Compensar en días buenos lo que no podemos lograr en días malos y no sentirnos culpables al finalizar cada día y sentir que a pesar de que corrimos y nos estiramos no logramos completar ni la mitad de cosas en la lista.

● Piensa en esas tareas sueltas y repetitivas que aunque parezcan pequeñas te quitan energía diaria y trata de con- densarlas haciéndolas solo una vez a la semana (para mí una de esas tareas era definir el menú diario y tener que pedir o comprar el tomate que hacía falta para el día. Lo cambié por un menú y una sola compra semanal - un cambio que aun- que parezca pequeño tuvo un gran impacto en mi semana).

● Define tus tres prioridades para la semana.

● Define tu intención: algo en lo que quieras enfocarte durante la semana (ejemplo: "Quiero estar más presente", "Quiero tener el coraje para poner límites", "Quiero enfocarme en mi bienestar" etcétera).

- Consigue un tablero borrable y escribe tus tres priorida-des y tu intención de la semana. Ponlo en un sitio muy visible para que sirva de recordatorio permanentemente (Bonus: in- cluye tus valores y tu propósito ya sea en tu tablero o en otro lugar visible).

- Agenda todo en tu calendario. Todo es todo: Reuniones, citas médicas, fiestas, comidas, playdates) y compártelo con tu pareja para que estén alineados. Asegúrate de tener el soporte necesario para poder atender todos estos compromisos (ya sea de tu pareja, niñera, mamá, etcétera).

- Comienzacadadía concalmayunespacio para revisar tus prioridadesytuintencióndelasemana. Pregúntate: ¿Qué es esoquesilogrocompletarhoymeva a dejar satisfecha al final del día?

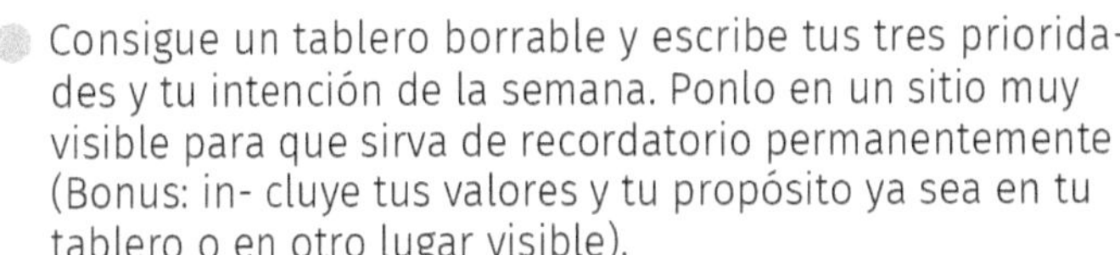

Práctica 5:
Enfócate y olvídate de la multitarea (o *multitasking*)

Las mujeres nos sentimos orgullosas de ser las "reinas de la multitarea o *multitasking*", pero...

¿Sabías que solo el 1 % de las personas son capaces de hacer *multitasking* efectivamente?

Como dudo que tú y yo estemos dentro de ese 1 % de la población, creo que es hora de replantear nuestra relación con esta práctica.

De acuerdo con un estudio hecho por la Universidad de Míchigan, la realización simultánea de tareas (por sencillas que sean) puede arrebatar hasta un 40 % del tiempo produc-tivo de una persona; es decir que, aunque parezca que hace-mos el doble cuando hacemos dos o más tareas al tiempo, en realidad estamos haciendo aproximadamente la mitad.

Otro estudio hecho por la Universidad de Stanford encontró que las personas que hacen *multitasking* no solo son menos productivas, sino que tienden a distraerse más, cometen más errores y retienen menos información que las que se enfocan en una tarea a la vez.

Hoy en día y desde mi propia experiencia puedo afirmar que el *multitasking* es el culpable de gran parte del estrés y frustración que sentimos las mujeres en nuestro día a día. ¿Por qué?:

- Porque nos mantiene inmersas en un círculo vicioso: Más multitarea ->más agotamiento-> menos logros -> exceso de trabajo -> menos presencia con nuestros hijos y volvemos a empezar.

- La multitarea nos convierte en personas distraídas y esto disminuye nuestra capacidad de simplemente ESTAR con nuestros hijos. No mirando el celular mientras les contestamos sus preguntas, no "escuchando" sus historias mientras terminamos de escribir un mensaje de texto, no jugando escondidas mientras de reojo y en secreto revisamos nuestro celular, etcétera. Si realmente quieres ser una mamá presente, sobre todo en calidad más que en cantidad de tiempo, tienes que empezar a replantear tu relación con la multitarea.

Esto no quiere decir que en ocasiones no puedas hacer dos cosas al mismo tiempo, solo tienes que escoger bien cuáles van a ser esas dos cosas. Escuchar un *pódcast* mientras caminas a la tienda o contestar correos mientras tu hijo toma su clase de tenis es una cosa. Leerle un cuento a tus hijos mientras constantemente revisas el celular, es otra historia.

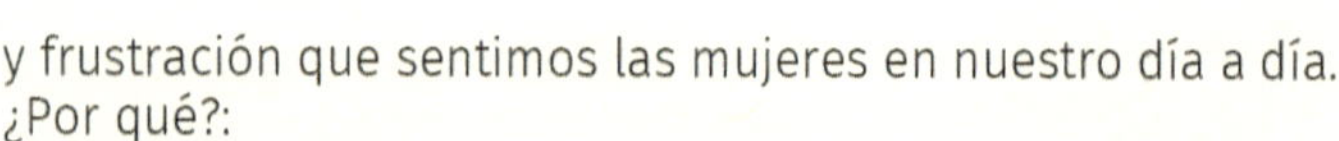

Práctica #6:
Controla las distracciones

Las distracciones las generan dos tipos de disparadores (*triggers*):

Internos: Emociones incómodas de las que queremos escapar.

Externos: Visuales (notificaciones), Auditivos (ring/ping/ dings) e interrupciones de otras personas.

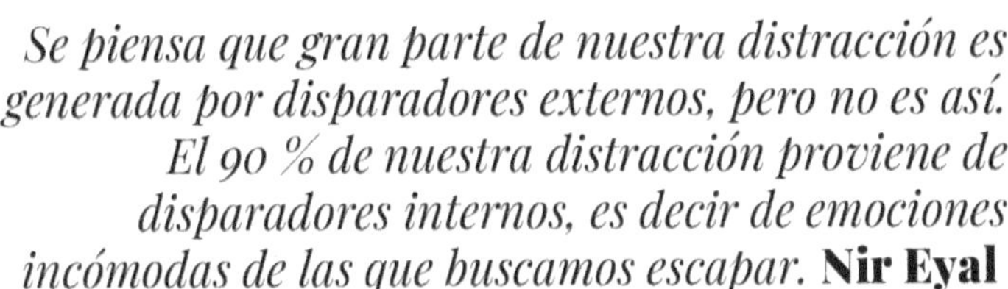

Te sientes aburrida y estancada con un proyecto-> Tomas tu celular y te pierdes por horas en redes sociales. Te sientes triste-> Te paras a comer un postre (o dos o tres...) Por eso la mejor manera de no vivir distraídas es aprender a reconocer y manejar esas emociones o disparadores internos. Una técnica que aprendí del libro Indistractable y que utilizo frecuentemente es "La técnica de los diez minutos":

Cuando sientas esa urgencia de coger tu celular para ver redes sociales o pararte a comer algo, respira y espera diez minutos. Si después de esos diez minutos todavía sientes la urgencia, entonces coge tu celular o come aquello que quieras comer. Si por el contrario la necesidad cesa, sigue con lo que estabas haciendo: ¡Felicitaciones, has escapado de una distracción!

Otra herramienta útil para manejar los disparadores internos y evitar la distracción es la práctica de *mindfulness*, ya que al cultivar la atención plena, empiezas a ser mucho más consciente de tus emociones y puedes decidir qué hacer con ellas en lugar de dejar que ellas decidan por ti (y te llevan a distraerte constantemente).

Controlar los disparadores internos es retador porque implica mucho trabajo personal. No te voy a decir que es fácil y que yo lo logro el 100 % de las veces, pero con intención y consciencia el avance puede ser enorme.

Por otro lado, es importante que también controles los disparadores externos. Hacer esto es mucho más fácil y es algo que puedes hacer HOY.

Aquí te dejó algunas recomendaciones de prácticas que me han ayudado a reducir las distracciones en mi vida:

- Elimina todas las notificaciones (auditivas y visuales) de aplicaciones de tu teléfono (que seas tú quien decide cuándo utilizar una aplicación y no al revés).

- Elimina todas las notificaciones en tu computador (sobre todo las de correo entrante) y entra al correo solo unas cuantas veces al día.

- Elimina las notificaciones de WhatsApp y chequea los mensajes solamente por momentos (en lugar de hacerlo compulsivamente).

- Pon en silencio todos tus grupos de WhatsApp. Más de una vez estos grupos me han salvado la vida (evitando que mande a una de mis hijas disfrazada el día que no es o se me olvide comprar la torta para el día siguiente, entre otras). Pero es importante cuidar la forma en que interactuamos con estos grupos. Consultarlos unas cuantas veces al día es más que suficiente, vivir pegadas a ellos con cada uno de los 200 *pings* de mensajes de cada uno de sus miembros puede llegar a convertirse en una fuente constante de distracción y agotamiento en nuestras vidas.

- Cuando estés realizando una tarea que requiera foco (aplica para trabajo y momentos de conexión y presencia con tus hijos), deja tu celular lejos, donde ni siquiera puedas verlo, está demostrado que tenerlo cerca aumenta nuestras ganas de consultarlo constantemente.

- Si estás trabajando en casa y tu esposo y tus hijos están ahí, pon algún tipo de aviso que les haga saber que estás en modo "ocupado" en ese momento y no quieres que te distraigan (cuando la cosa se pone complicada he llegado a ponerme una cinta en la frente que dice "NO MOLESTAR"...y ¡Funciona!). Esto no solo te ayuda a ti a practicar tu "músculo de poner límites", también le ayuda a tus hijos a entender la importancia de poner límites y respetar los de otros.

Yo era una de esas mujeres a las que les costaba parar y descansar. Esto se convirtió en uno de mis grandes obstáculos a la hora de buscar balance y de ser una mamá más presente. Era adicta a estar ocupada, no me gustaba estar en silencio y cuando no estaba haciendo algo "útil" me sentía culpable. ¿Meditar? ¿Sentarme en silencio por veinte minutos? ¡Quién tiene tiempo para eso! Una y otra vez aparecía esta vocecita en mi cabeza: "Si no empujas constantemente nunca logra- rás alcanzar todas tus metas". Pero en lo más profundo se escondía una creencia todavía más compleja: La creencia de que mi valor estaba dado por lo que hacía, por lo que produ- cía y la manera en que el mundo me recompensaba por ello: ¿Pausar? ¿Descansar? No, no, no hay tiempo para eso.

¿Qué tan adicta eres a vivir ocupada? Trata de ser since- ra contigo, ya que este es el principal obstáculo que puede aparecer cuando se trata de descansar o pausar. Pregún- tate: ¿Qué creencia o qué miedo puede haber detrás de tu aversión a pausar y tomar descansos? ¿Qué te lleva a vivir constantemente empujando y no te permite descansar sin sentirte culpable?

Si eres una mamá que no trabaja fuera de casa, ten mu- cho cuidado con buscar estar (y verte) siempre ocupada, sé que es fácil caer en esta trampa cuando el mundo exterior se niega a reconocer el verdadero valor de cuidar a otros.

Si eres una mamá que trabaja fuera de casa, ten mucho cuidado con vivir ocupada haciendo más que todas las per- sonas alrededor tuyo y cargándote con un exceso de tareas. Recuerda que tu tiempo es exactamente igual de valioso al de otros. SÍ: TU TIEMPO ES IGUAL DE VALIOSO AL DE TU PAREJA (así sus salarios sean distintos). De esto hablaremos más en el próximo capítulo.

En este camino de pasar de ser la mujer y mamá perfecta y ocupada a ser una mujer y mamá presente, es muy impor- tante que hagas consciencia de todos esos mensajes internos (y/o creencias limitantes) que se están interponiendo en tu camino y te impiden tener más balance en tu vida. Si te cuesta reconocer este tipo de creencias recuerda que hay muchas herramientas como el *coaching* o la meditación que pueden ayudarte en este camino.

Muchas veces terminamos haciendo y haciendo sin parar y sin ser conscientes de que lo que estamos haciendo es persiguiendo esos estándares externos de perfección o dejándonos afectar por esas creencias limitantes que son tan dañinas. Recuerda que hacer en exceso no te llevará a ser perfecta porque eres humana y los humanos necesitamos descanso.

Aunque parezca contradictorio, el descanso es una parte importantísima de la productividad, esto lo saben perfectamente los atletas y líderes de alto rendimiento que para llegar a ser los mejores alternan constantemente el esfuerzo con el descanso. Hay diferentes tipos de pausas que puedes hacer:

Pausas cortas que incluyan una respiración o una meditación corta.

Pausas medias que incluyan una vuelta por la naturaleza, una sesión corta de estiramiento o inclusive hacer algo que te guste y te relaje como dibujar (o hacer un castillo de blo- ques con tu hijo).

Pausas largas como un día de *break* fuera de la oficina (sobre todo si sientes que estás realmente sobrecargada) o unas vacaciones. Todas los tipos de pausas son importantes, pero diría que las que más tienen un efecto positivo en tu capacidad de ser una mamá más presente son las pausas cortas que hagas durante tu día. Esas pausas te van a dar el espacio que ne- cesitas para manejar mejor el estrés y para poder responder a las demandas de ser mamá desde un lugar más calmado y menos reactivo.

Parar y respirar por un minuto cada cierto tiempo puede hacer toda la diferencia en tu día y en la manera en cómo abordas los retos de la maternidad.

Aquí te dejo una rutina rápida de respiración de siete pasos:

1. Párate o siéntate con tu columna recta.
2. Relaja los hombros y pon tus manos a los lados si estás parada, o en tus piernas, si estás sentada.
3. Exhala hasta sacar todo el aire y sacando el pecho hacia adelante.
4. Inhala lentamente por la nariz contrayendo tu diafragma hacia adentro y hacia arriba. Asegúrate de que tu barriga se infle, seguida por el medio de tu pecho y luego de tu parte de arriba del pecho. Permite que el aire llene todos tus pulmones.
5. Pausa unos segundos ahí.
6. Exhala por tu nariz, mientras vuelves a contraer tu diafragma hacia adentro y arriba.
7. Repite esta rutina tres veces, e intenta que con cada una de las repeticiones entre más aire a tus pulmones. También existen otros tipos de respiraciones especiales (como la Anuloma Viloma), que te pueden ayudar a relajarte y sentirte mejor, especialmente cuando estás sobrecargada o estresada.

Otra práctica que puede servirte mucho es la práctica **PA-RAAA**, diseñada por Carolina Lasso,y que puedes encontrar en su libro *Plenitud*:

Para en el momento en que sientas la necesidad de una pausa y respira profundo.

Atiende lo que está sucediendo: ¿Qué emociones estás experimentando? ¿Qué pensamientos cruzan por tu mente? ¿Qué sientes en tu cuerpo?

Reflexiona: ¿Por qué te estás sintiendo así y que puede haber detrás de tus emociones?

Acepta: la experiencia tal cual es. No la rechazas ni la evadas. Trata de fluir con lo que es.

Actúa: ¿Cómo puedes responder a esta situación de una forma que esté alineada con tus valores, tu bien mayor y el de otras personas involucradas?

Abraza: Después de actuar, ábrete al resultado del pro- ceso y las distintas posibilidades. Abraza el resultado, cual- quiera que sea, pues lo hiciste lo mejor posible y te esforzas- te por responder de manera proactiva y no reactiva.

Por último recuerda esto:

- Una mamá que nunca descansa es una mamá que se vuel- ve irritable con frecuencia y con el tiempo genera una barrera entre ella y sus hijos.

- Una mamá que descansa es una mamá que puede parar, escuchar y generar una verdadera conexión con sus hijos.

- Una mamá que descansa es una mamá que aun en mo- mentos retadores en los que puede perder la paciencia (y sí... gritar) es capaz de reconocer y REPARAR.

Recuerda ser compasiva contigo misma
T-O-D-O E-L T-I-E-M-P-O

Antes de empezar a escribir este capítulo tuve que limpiar algunas lágrimas que corrían por mis mejillas. Me invadía un sentimiento de frustración al saber que no lograría avanzar como esperaba en la escritura de este libro.

Tres meses atrás me había enterado de que estaba embarazada, lo cual me llenó de ilusión, pues siempre había soñado con tener tres hijos. Desafortunadamente, después de varias citas médicas y de acudir a varios especialistas y pedir segundas opiniones, fui diagnosticada con embarazo anembrionario. El embrión nunca creció y después de unas semanas sangré de manera espontánea. Pensé que el emba- razo había terminado de manera natural, pero creo que mi cuerpo y mi alma seguían aferradas a la ilusión de ese bebé. Mi doctora me recetó unas pastillas para terminar el embarazo, pero estas no tuvieron el efecto esperado. Finalmente tuve que acudir al quirófano. El procedimiento me lo hicieron en una sala muy parecida a aquella en la que tuve a mis dos hijas, pero esta vez dolió mucho más, física, pero, sobre todo, emocionalmente. Fue duro estar ahí acostada sabiendo que esta vez no habría un final feliz. En ese momento entendí que tenía que parar, sanar y volver a tomar fuerzas para poder continuar escribiendo. Eso hice, hasta que llegó el Covid-19 por segunda vez a mi familia y todos nos contagiamos. Nuestras defensas quedaron muy bajas y mis dos hijas pasaron por dos virus más cada una. La semana pasada uno de esos virus me dejó sin voz. Mi hija llevaba ya dos semanas sin ir al jardín por los protocolos de pandemia y mi esposo estaba fuera del país por trabajo. La niñera tuvo un accidente y le dieron incapacidad por diez días. Mandé a la mayor al colegio y dos horas después sonó el teléfono: era la enfermera para decirme que tenía que ir por ella porque seguía congestionada y por protocolos de Covid no podía seguir allá. Colgué el teléfono y las lágrimas empezaron a correr por mis mejillas. En ese instante pensé en ti y en mí…en todas esas mamás que intentamos hacer lo mejor en nuestros diferentes roles, pero que regularmente pasamos por situaciones como estas. En todas esas mamás que en días caóticos limpiamos nuestras lágrimas detrás de un computador o detrás de cuatro paredes, mientras continuamos siendo las mejores madres que podemos ser para nuestros hijos. Entonces dije: tengo que escribir y contar esto porque ESTO ES LA REALIDAD. Es la realidad que muchas veces nuestro entorno insiste en ignorar. El entorno corporativo pidiéndonos que trabajemos como si no fuéramos madres y el entorno social pidiéndonos

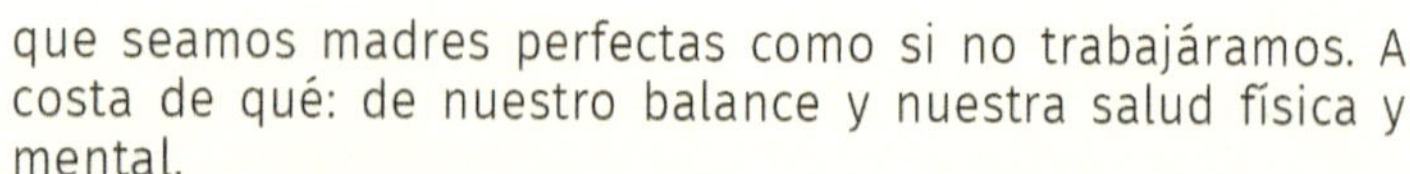

que seamos madres perfectas como si no trabajáramos. A costa de qué: de nuestro balance y nuestra salud física y mental.

Una de las cosas que me sorprendió al hacer la investigación y lectura de artículos y libros en productividad para este capítulo, es que muchos estaban escritos por hombres. Mientras leía los libros me preguntaba: ¿Será que estos autores no tienen hijos en casa? ¿Será que no son ellos quienes se hacen cargo de sus hijos? Con todo el respeto que tengo por el trabajo de Robin Sharma, *El club de las 5 de la mañana* claramente no está escrito pensado en mamás y ni hablar de *Máximo rendimiento* que, aunque no deja de ser un excelente libro, sugiere que durmamos una semana sin poner despertador para entender cuántas horas necesitamos de sueño ininterrumpido (alguien que porfavor me diga si existe algún planeta en donde esto pueda hacerse con niños me- nores de cinco años en casa).

Por eso una de mis intenciones al escribir este capítulo fue el de ensayar y adaptar cada una de las prácticas a nuestra realidad como mamás, mujeres, hijas, hermanas, etcétera. Además de esto quiero ser muy cuidadosa y advertirte que estas prácticas NO SON PÓCIMAS MÁGICAS. Son prácticas efectivas que podrán ayudarte a fluir y tener más balance en tu vida, pero nunca lograrán evitar que algunos días se salgan de control y menos mientras tengas hijos pequeños en casa (o en medio de una pandemia).

Espero de corazón que al ensayar estas prácticas puedas encontrar más balance en tu vida y más espacio para ser una mamá presente, pero inevitablemente habrá momentos en los que la maternidad (y la vida) te saquen de balance y dañen tus planes. Entonces no habrá pócima mágica, ni planeador maravilla, ni método infalible de productividad, que pueda cambiar las circunstancias. En esos momentos solo hay una cosa que puedes hacer: respirar (llorar si sientes que tienes que hacerlo), PARAAAr, volver a respirar, recordar que eres humana y que la maternidad es así de impredecible, darte un abrazo compasivo y recordar que no es tu culpa que esto esté pasando, respirar de nuevo y cuántas veces sea necesario, aceptar y preguntarte:

En momentos en donde las cosas se salgan de control, es más importante que nunca que aterrices las expectativas, que dejes el perfeccionismo a un lado, que pidas ayuda y aprendas a ser compasiva contigo misma. Cuando dejamos de tomarnos todo tan en serio, y dejamos de ser tan duras y exigentes con nosotras mismas, podemos disfrutar mucho más la maternidad (esto es algo en lo que todavía sigo trabajando).

Dos frases que me ayudan mucho en estos momentos y quiero compartir contigo son: "

Yo, ___________, puedo fluir en medio de la imperfección".
"Yo, ___________, puedo fluir y ser feliz aun cuando las cosas se salen de control".

Escríbelas y ponlas en un lugar visible cuando más lo necesites. Cuando sientas que las cosas se ponen difíciles, recuerda que aunque parezca contraintuitivo: TIENES QUE PARAR Y DESCANSAR.

Después de haberte tomado un tiempo para descansar y pensar con más claridad, podrás avanzar, pero con paciencia y con pasos pequeños (los que el momento te permita dar, no más de eso: no es tiempo de exigirte demasiado).
No te juzgues, no seas dura contigo misma, no trates de correr para alcanzar a nadie más cuando tus circunstancias son únicas. Recuerda tratar de ser compasiva contigo misma, con tu momento de vida y con esos retos que te presenta constantemente la vida y la maternidad.

Todos los días, tu lista de prioridades puede cambiar. Algunos días, lo único que podrás hacer es sobrevivir. Como dijo una de mis pacientes: "Aprende a tolerar que no puedes hacerlo todo. Si terminas un día y piensas: "¿Qué he logrado hoy?". Recuerda que ya lograste mucho si mantuviste a tu bebé vivo, alimentado y limpio (oh bueno, al menos medio limpio).

Alexandra Sacks

EJERCICIO DE REFLEXIÓN

Completa tu cuadro de horas semanales por actividad y define tus prioridades

Para definir tus prioridades te dejo algunas preguntas que pueden serte útiles:

1. Piensa en cuáles son esas cosas que mirando hacia atrás han sido las que más te han ayudado a avanzar en torno al cumplimiento de tus metas profesionales: ¿Cuáles han sido y qué te dice esto sobre qué cosas debes hacer más y qué cosas debes hacer menos?

2. Piensa en cuáles son esas cosas que mirando hacia atrás han sido las más significativas y las que más te han impulsado a cumplir metas personales: ¿Cuáles han sido y qué te dice esto sobre qué cosas debes hacer más y qué cosas debes hacer menos?

3. Piensa en los momentos más significativos que compartes con tus hijos y aquellos en donde generas una conexión profunda con ellos: ¿Cuáles son y qué te dice esto sobre aquellas cosas que debes hacer más y qué cosas debes hacer menos?

4. ¿Cuáles son esas tres cosas que te energizan, que cuando las haces te sientes feliz y se te pasa el tiempo volando?

Ahora sí, con tus respuestas en mente, completa tu propio cuadro:

	Antes	Hoy de acuerdo con mi brújula de vida	Qué quiero hacer durante estas horas
	Horas	**Horas**	**Prioridades**
Trabajo			

	Antes	Hoy de acuerdo con mi brújula de vida	Qué quiero hacer durante estas horas
	Horas	**Horas**	**Prioridades**
Traslados			
Bienestar			
Manejo del hogar			
Relación de pareja			
Relación con mis hijos y familia			
Relación con amigos			
Hobbies/ **Entreteni-miento**			
Aprendizaje			
Sueño			
Total Horas			

Por último, te sugiero un ejercicio/reflexión corta para que hagas todas las noches antes de dormir: Pregúntate o escribe en tu diario o planeador:

¿Qué tanto viví hoy de acuerdo con mi propósito y mis valores? ¿Que puedo priorizar mañana para ir más en línea con eso que es verdaderamente importante para mí?

CAPÍTULO 5

ENCONTRANDO SOPORTE

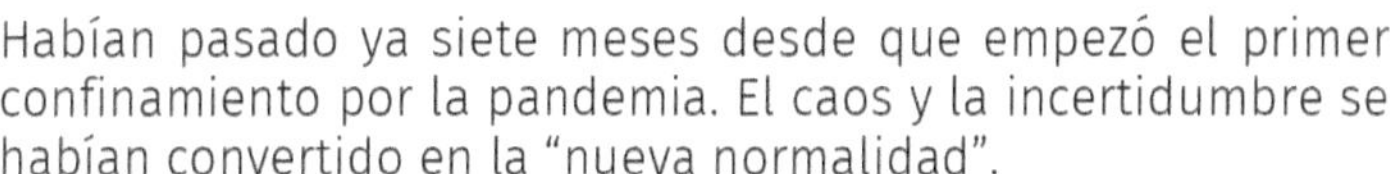

Habían pasado ya siete meses desde que empezó el primer confinamiento por la pandemia. El caos y la incertidumbre se habían convertido en la "nueva normalidad".

Eran las cuatro de la mañana y un ruido me despertó súbitamente. Me paré como un resorte de mi cama y me dirigí angustiada hasta el cuarto de mis hijas. Me tranquilicé al ver que ambas estaban profundamente dormidas. En ese momento alcancé a escuchar la voz de mi papá, quien se estaba quedando unos días con nosotros y estaba durmiendo en la habitación de al lado. Lo encontré recostado contra la puerta del baño, estaba débil y desorientado. Lo ayudé a caminar hasta la cama, pero cuando lo senté se fue hacia atrás y me dijo que no podía mantener el equilibrio, la mitad de su cuerpo no estaba respondiendo. El día anterior él, mi esposo y yo nos habíamos hecho una prueba de Covid y todos habíamos salido negativos. Así que entre eso y sus síntomas, que no eran los típicos del virus, empecé a sospechar que se trataba de un derrame cerebral. Fui corriendo a despertar a mi esposo, quien me ayudó a subirlo muy rápido a la camioneta. Manejé lo más rápido que pude para llegar a la clínica más cercana, donde lo recibieron en urgencias. Estuvimos casi dos horas en el cubículo hasta que llegó la enfermera jefe y le retiró la máscara de oxígeno para ver cómo reaccionaba. Sus niveles de oxígeno bajaron muy rápidamente y empezó a toser. Recuerdo perfecto la reacción de la enfermera, quien con cara de pánico se echó hacia atrás, se puso unas gafas protectoras y me preguntó si habíamos tenido contacto con una persona positiva para Covid-19. Le dije que sí, que eso era lo primero que había aclarado al llegar a la clínica porque sabía que era algo muy relevante (a pesar de que la prueba había salido negativa). Ella me tomó del brazo rápidamente, me sacó del cubículo y me dijo: "Es muy probable que tu papá tenga el virus, tienes que salir de aquí ya y a él debemos llevarlo a la unidad de aislamiento de Covid-19". Con lágrimas en los ojos le dije: "¿Qué va a a pasar con mi papá?". Ella me respondió que tranquila, que harían todo lo que estuviera en sus manos para tratarlo y que todo iba a estar bien.

Mi hermana y yo, tratando de mantener la calma, esperábamos afuera para tener algo de noticias, pero nos decían que el resultado de la prueba PCR tardaría veinticuatro horas en salir. Unas dos horas después el médico salió y nos dijo que le habían hecho un TAC pulmonar, cuyo diagnóstico era neumonía, y que con un 90 % de probabilidad podían afirmar que era positivo para Covid-19. Nos dijeron que estaba estable, que nos fuéramos y que nos llamarían para informarnos sobre su estado. Tomé mi carro para salir hacia la casa y mientras manejaba sonó mi celular. Ese fue el momento en que me pidieron que volviera para acompañar a mi papá unas horas en su habitación mientras lograban conseguir personal médico de apoyo.

Había estado a su lado en otras situaciones que parecían más difíciles, como cuando estuvo al borde de la muerte después de una cirugía extremadamente delicada de cinco *bypass* de corazón abierto. Mi papá era un guerrero y yo me había asegurado de estar a su lado para cuidarlo. Siempre habíamos salido juntos al otro lado. Siempre. Pensé que esta vez no sería diferente. Pero desafortunadamente no fue así. Una semana después de su estancia en la clínica, recibí una llamada de la enfermera pidiéndome que fuera a verlo, pensé que ahora iba a salir de cuidados intensivos y por eso me estaban llamando para que fuera. Le dije a la enfermera que no podía ir, pues ese mismo día en la mañana mi prueba de Covid había salido positiva. Una hora y media después sonó mi teléfono de nuevo. Contesté y escuché una voz temblorosa decirme: "Hicimos todo lo que pudimos, le juro, hicimos todo lo que pudimos"...Mi papá había muerto, solo, en esa Unidad de Cuidados Intensivos.

Mi papá fue un hombre ejemplar. Un hombre noble, posi- tivo, soñador y entregado por completo a su familia. Un apasionado por la enseñanza y la comunicación (a pesar de ser un hombre introvertido y callado). Un gran orador y amante de la escritura. Mi papá se merecía una partida y una despedida especial, pero debido a las restricciones de la pandemia, no pudo tener una. Su funeral fue en un ataúd dentro de un carro parqueado en un frío cementerio asignado por la ciudad, con sus dos hijas paradas en un andén, una a tres metros de la otra, y su hijo en otro país, conectado por Zoom desde un celular. No hubo misa presencial ni pudimos reunirnos en familia para acompañarnos y abrazarnos.

En medio de mi dolor, decidí que tenía que hacer mi propio ritual de despedida. Dediqué varias noches a desocupar cajas con fotos, recortes de periódico y escritos de mi papá. Me senté a leer una a una, decenas de cartas de amor que le había escrito a mi mamá y algunos de sus diarios y escritos de viajes que hizo cuando era joven. Cuando soñaba con viajar, conocer nuevos lugares, aprender de otras culturas y abrir su mente. Cuando soñaba con regresar, enseñar y trabajar por su país.

Nunca, hasta ese momento, había entendido a profundidad lo mucho que nos parecíamos. Aunque no pude despedirme como hubiera querido, él se aseguró de dejarme sus cartas, sus escritos y sus palabras. A través de ellas me impulsó a creer en mí y en mis sueños, me dio una razón más para continuar cultivando una pasión que ambos compartíamos, pero que él, por razones que no conozco, había olvidado en medio de su camino por la vida: escribir, inspirar y cambiar vidas a través de la enseñanza y las palabras.

A pesar del dolor que sentía por la partida de mi papá, sentía una fuerza interna difícil de explicar. Sabía que la vida me había puesto una serie de pruebas que tenía que tomar como oportunidades para crecer y atreverme a vivir diferente, de acuerdo con mis valores y con mi propósito. Algo que aunque aún me costaba y me enfrentaba a mis peores miedos, ya no podía seguir ignorando. Sentía una energía interna enorme, un impulso casi mágico.

Quería escribir, quería compartir mis pensamientos para inspirar a otros, quería cambiar mi realidad y la de muchas mamás que, como yo, vivimos agotadas tratando de alcanzar estándares de perfección imposibles de alcanzar mientras nuestros hijos crecen y ni nos damos cuenta (¿A qué horas?).

Pero tenía que ser realista: estaba navegando mi segundo gran duelo en menos de dos años, me había contagiado del virus y no podía recibir apoyo de nadie externo porque estábamos en aislamiento total (mi esposo y mi hija también se habían contagiado, aunque, a diferencia mía, ellos resultaron ser asintomáticos). Mi esposo se tomó varios días de licencia en su trabajo para hacerse cargo de mí y de las niñas y apoyarme para que pudiera recuperarme en medio de una situación tan dolorosa.

Fue en ese momento de mi vida cuando entendí a profundidad que si quería encontrar más balance en mi vida, como mujer y como madre, no podría hacerlo sola.

De mi experiencia durante ese momento nace este capítulo en el que quiero dejarte un mensaje importante:

Ser una mamá más plena y presente es posible si y solo si encuentras el soporte que necesitas:

NO TIENES QUE HACERLO SOLA.

Es irónico pensar que estamos enfrentando la vida y la maternidad de una manera tan individualista y solitaria (inclusive desde antes de la pandemia), cuando es uno de los momentos de la historia en el que más apoyo necesitamos. ¿Has oído hablar alguna vez de la generación *sándwich*? Bueno, parte de ella somos muchas de nosotras: mujeres entre treinta y cinco y cincuenta y cinco años, que estamos teniendo hijos después de los treinta y que, debido a una esperanza de vida mayor, nos enfrentamos a una realidad muy retadora: criar hijos pequeños y al mismo tiempo apoyar a nuestros padres que están envejeciendo. No sorprende que hoy en día el 40 % de mujeres entre treinta y cinco y cincuenta y cuatro años reporten tener niveles extremos de estrés (comparado con el 29 % de personas entre los dieciocho y treinta y cuatro años y el 25 % de personas mayores de cincuenta y cinco años). No sorprende que el 51 % de madres hoy en día reporten sufrir de ansiedad y agotamiento.

Es triste pensar que las mujeres vivimos con niveles tan altos de estrés durante una etapa tan importante como lo es la de ser madres de niños pequeños y/o adolescentes. Esta es una realidad preocupante, dado que las madres somos un cimiento esencial de la sociedad. Ahora: ¿Cómo podemos cambiar esta realidad? El mundo definitivamente tiene que evolucionar y convertirse en un lugar más amigable para nosotras, pero es importante que seamos parte de la solución. Que reflexionemos y entendamos que no merecemos vivir así. Que defendamos nuestro derecho a disfrutar de todas nuestras facetas como mujeres, incluyendo la de ser mamás, y que reconozcamos que para lograr esto necesitamos soporte.

Pero: ¿Por qué nos cuesta reconocer que necesitamos soporte? ¿Por qué muchas veces tenemos que llegar a un punto máximo de agotamiento, estrés o inclusive enfermedad para reconocer que necesitamos ayuda?

Yo personalmente creo y estoy de acuerdo con la teoría que expone Kate Northrup en su libro *Do Less*:

"A los hombres se les ha enseñado que para ser buenos hombres deben ser estoicos, capaces de cualquier cosa, excelentes proveedores, fríos y poco emocionales. Nunca deben mostrarse débiles y deben hacer todo lo que esté a su alcance para lograr las cosas por sí mismos porque la vida se trata de competir y demostrar que valen más que los demás... Así que como a los hombres se les ha enseñado que esto es lo que significa ser "un hombre", a las mujeres nos han enseñado que para lograr la igualdad debemos ser como ellos...no es de extrañar que tengamos problemas para admitir que necesitamos ayuda ¡Y aún más para aceptarla cuando llega!".

Llegó la hora de empezar a liberarnos de esos mensajes nocivos que nos complican la vida y nos dejan completamente agotadas. Primero, nosotras no somos iguales a los hombres (somos diferentes y nos complementamos), y segundo, tanto hombres como mujeres necesitamos ayuda, no porque seamos débiles, sino porque somos humanos. La vida no se hizo para vivirla en soledad y la maternidad menos.

No pedimos ayuda porque "deberíamos" poder hacerlo todo. Porque nuestra madre espera que lo hagamos. Porque nuestra suegra espera que lo hagamos. Porque todos en Instagram parecen poder hacerlo todo. Porque nuestra hermana parece hacerlo todo. Porque la sociedad nos dijo que eso es ser una mujer valiosa.

Kate Northrup

APRENDE A RECONOCER CUÁNDO NECESITAS AYUDA

Una de las consecuencias de todos esos mensajes que hemos recibido sobre ser mujeres maravilla que todo lo pueden lograr es que nos cuesta reconocer cuándo necesitamos ayuda. Creemos que si nos esforzamos un poquito más, que si nos estiramos un poquito más, que si hacemos más multitasking, o quizá dormimos unas cuantas horas menos, no necesitamos ayuda de nadie. ERROR. Porque sí, puede que con este enfoque logremos todo aquello que nos propongamos y todo lo que pongamos en nuestra interminable lista de pendientes, pero: ¿A costa de qué? ¿De nuestra salud y nuestro bienestar? ¿De nuestro tiempo libre? ¿De nuestros sueños y nuestras pasiones? ¿De la presencia verdadera con nuestros hijos?

Durante mi retiro de *mindfulness*, del que te conté durante el primer capítulo, me di cuenta del peso tan grande que cargaba constantemente sobre mis hombros. Ese sentimiento de que tengo que estar ahí (de cuerpo, mente y de todas las formas posibles) por si mis hijas me necesitan o les pasa algo. Durante este retiro me pidieron hacer silencio y eso incluía dejar mi celular a un lado y no hablar por WhatsApp durante dos noches y dos días completos. Parecía poco, pero dado que estaba acostumbrada a estar conectada todo el tiempo, esto se sentía como una ETERNIDAD. Hablé con mi esposo y le dije que estaría completamente desconectada y que solamente me llamara si se trataba de una urgencia.

Pasados esos dos días me sentía como una persona diferente. Me sentía muchísimo más liviana y descansada. Entonces entendí que, aunque yo amo y disfruto de cuidar a mis hijas, también hay otras personas que las aman y que son 100 % capaces de cuidarlas.

Yo soy la mamá, y sí , quiero estar ahí para ellas, pero ser una mamá presente no se trata de vivir pegada a un celular de manera obsesiva esperando a que me contacten "por si necesitan algo" o "por si les pasa algo", mientras mi vida me pasa por delante.

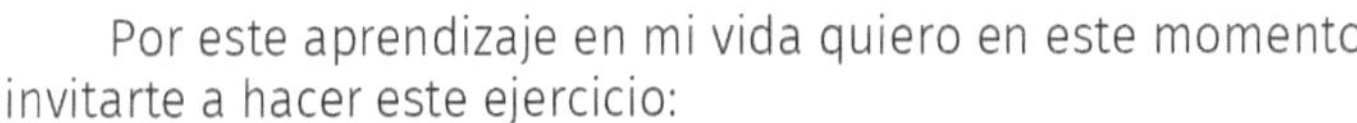

Por este aprendizaje en mi vida quiero en este momento invitarte a hacer este ejercicio:

Cierra tus ojos y repite: todo va a estar bien si yo no estoy 24/7 con mis hijos o conectada a un celular 24/7 pendiente de ellos. Amo ser su mamá, pero no soy la única que puede cuidarlos. Amo ser su mamá, pero puedo descansar, soltar y confiar que van a estar bien aún cuando yo no esté ahí.

¿Cómo te sientes ahora? ¿Más liviana? Recuerda esto cada vez que lo necesites: Ser una mamá presente no se trata de estar ahí 24/7 (o co- nectada al celular 24/7), supliendo todas sus necesidades y resolviendo todo. Ser una mamá presente no se trata de es- tar ahí para manejarles su vida, resolverles todo, hacerles sus tareas y llenarlos de mil actividades diarias.

Ser una mamá presente se trata de compartir suficiente tiempo con tus hijos, pero, sobre todo, tiempo de calidad, construyendo una relación profunda que solo es posible construir desde la conexión y la presencia.

Para ser una mamá más presente, es indispensable que aprendas a soltar el control y reconocer cuándo necesitas ayuda. Que pidas ayuda y la recibas sin culpa, para poder soltar cargas innecesarias y que, de esa manera, cuando estés con ellos, puedas estar verdaderamente presente. Ahora, es momento de sincerarte contigo misma:

¿Te cuesta soltar el control?
¿Te cuesta reconocer que necesitas ayuda?
¿Te cuesta pedir y recibir ayuda?
¿Te cuesta delegar?

Todas esas circunstancias retadoras que viví (la pérdida de mi mamá y de mi segundo bebé en gestación, la aparición de células cancerígenas y, finalmente, la muerte de mi papá por Covid-19), me llevaron a un punto extremo de cansancio, debilidad e irritabilidad constante y fue ahí cuando finalmente reconocí que necesitaba más ayuda.
No quisiera que a ti te pasara lo mismo. Repite y recuerda estos dos mantras:

"Mi valor no está dado por todo lo que hago, sino por lo que soy. Hacer menos y recibir más ayuda no me hace menos valiosa".

"Pedir ayuda no me hace menos fuerte, me hace más humana".

Aquí te dejo algunas formas en que puedes llegar a reconocer si estás necesitando más soporte en tu vida como mujer y mamá:

- Tienes demasiado estrés y agotamiento acumulados (y tu cuerpo lo sabe).

- Pierdes la paciencia, te frustras y reaccionas con rabia frecuentemente ¿Recuerdas lo que hablamos en el capítulo pasado sobre la rabia?...La rabia nos muestra que necesitamos algo y a veces ese algo es: parar y pedir ayuda.

- Tienes resentimiento acumulado alrededor de una situación o una persona.

- No tienes tiempo para darle prioridad a lo que es más importante para ti (valores y propósito).

- No tienes tiempo para cuidar de ti misma. La mayoría de tareas que haces a diario, las haces porque "te toca" y no porque "quieres".

- No tienes tiempo para hacer nada de las cosas que te gustan (solo por placer).

Reconocer que necesitamos ayuda, pedirla y recibirla abiertamente, implica ser vulnerables. Y sí, puede ser incómodo. Eso no fue lo que nos enseñaron de pequeñas, o al menos no a muchas de nosotras. Pero no confundamos vulnerabilidad con debilidad. Oh no, no son la misma cosa,

Kate Northrup.

Ahora, quiero hablarte sobre tres cosas que puedes hacer para encontrar ese soporte que tanto necesitas y que de esa manera **NO TENGAS QUE HACERLO SOLA**:

- Trabaja en equipo con tu pareja (de verdad).

- Aprende a delegar y repartir cargas.

- Acercate a otras mamás y construye comunidad.

TRABAJA EN EQUIPO CON TU PAREJA (DE VERDAD)

Después de ese periodo tan sombrío que le siguió a la muerte de mi papá por Covid-19, me sentía débil y sin fuerzas. Además del dolor emocional, el Covid-19 me dejó algunas secuelas como dolores en las articulaciones, dolores de cabeza, desorden en la tiroides, pérdida de pelo, debilidad y cansancio. No había una manera para mí de salir de esa situación sola. Sabía que era una oportunidad para acercarme a esa persona con quien había decidido formar una familia y continuar con el legado de amor que me dejaron mis padres: mi esposo.

Mi esposo y yo teníamos una buena relación, pero en medio de las demandas de la maternidad (especialmente durante esos primeros años) yo olvidé algo muy importante:

verlo y valorarlo como el gran compañero de equipo que podía llegar a ser.

> **Nota:** Si eres mamá soltera o separada, te veo y te abrazo porque sé que no tienes el soporte diario de una pareja. Igual recuerda: no tienes que hacerlo sola. Te invito a continuar leyendo lo que sigue, pensando en cuáles conceptos o prácticas podrías aplicar para encontrar mejor soporte en otra persona, ya sea un familiar cercano, tu mamá, una niñera, una amiga, una vecina, etcétera.

Lo primero que quiero decirte acá es que el objetivo de trabajar en equipo con tu pareja no es encontrar el "balance perfecto 50/50". El balance real no funciona así. Si, por ejemplo, tu pareja trabaja tiempo completo y viaja mucho, y tú, por el contrario, eres independiente y trabajas menos horas (ese es mi caso), entonces no sería justo esperar que tu pareja haga mucho más que tú en el hogar, eso no sería realista ni sano para ninguno de los dos.

El objetivo nunca debe ser que el balance de uno se dé a costa del balance del otro (lee esto dos veces, pues esto puede llegar a ser la causa de muchos problemas en tu relación de pareja). La idea acá es que ambos tengan balance porque eso es lo que va a permitir que haya un verdadero balance familiar y que puedan tener una vida personal y familiar plena. Para lograr esto es importante que ambos sean conscientes del tiempo que cada uno tiene disponible, pero, sobre todo, que los dos respeten por igual el tiempo del otro, sin desprestigiar su contribución ni medirla por los ingresos que cada uno trae al hogar. Aquí no se trata de la plata que cada uno aporte, se trata del tiempo (justo y necesario), que cada uno puede dedicarle a su profesión y el tiempo que puede dedicarle a sus hijos y a otras cosas importantes en su vida para lograr un balance.

Recuerda: el tiempo se mide en horas, no se mide en plata. El tiempo es el mismo, ya sea que lo inviertas en tu trabajo o cuidando a tus hijos.

Para la escritura de este libro, me senté a hablar con muchas mamás y una de las cosas que más salió a la luz fue la inequidad que aún, en pleno 2023, sigue existiendo entre la carga que llevamos las mujeres y la que llevan nuestras parejas dentro del hogar.

¿Sabías que si uno midiera el aporte del trabajo no remunerado (cuidado de la casa, los hijos, etcétera) este sería el rubro que mayor participación tendría dentro del PIB de la mayoría de países? (En el caso particular de Colombia este equivaldría al 20 % del PIB y de eso el 16 % lo aportamos las mujeres).

¿Sabías que aún hoy, en pleno 2022, las mujeres en latinoamérica hacemos entre tres y cinco horas diarias más de trabajo no remunerado que los hombres?

Como lo afirmó el sitio dedicado a mamás y equidad de género *Motherly* en un artículo del 2019: "Ningún país del mundo está en camino de alcanzar la igualdad de género para 2030, un objetivo adoptado por 193 países miembros de las Naciones Unidas en 2015. La disparidad de género en el trabajo no remunerado es un factor muy importante aquí. Las mujeres simplemente hacen más trabajo no remunerado que los hombres. Eso perjudica nuestras carreras, nuestras familias y nuestras relaciones".

Lo increíble de este problema es que parte de la solución está al alcance de todos, pero no hemos logrado ponerla en práctica. De acuerdo con un estudio realizado por Promundo, en el 2019, cincuenta minutos más de tiempo diario dedicado por los hombres a las tareas del cuidado del hogar y los hijos, lograrían cerrar gran parte de la brecha de género actual. Cincuenta minutos más al día.

Pero: ¿Por qué nos cuesta tanto trabajar en la equidad en nuestros hogares?

No creo tener una respuesta única y definitiva, pero después de analizar y pensar mucho sobre este tema, llegué a la conclusión de que existen dos grandes piedras en el camino: el condicionamiento social y la dificultad que tenemos las mujeres para soltar el control (confiar y darle autonomía a nuestras parejas).

Ahora quiero hablarte sobre cómo podemos reconocer y escapar de cada una de ellas para encontrar más equidad en nuestro hogar y mayor balance en nuestra vida como mujeres y como mamás.

Escapando del condicionamiento social (o la "normalización" del *Statu quo*) Lo primero que quiero decirte acá es que los hombres son tan o más susceptibles que nosotras a las normas sociales y no van a cambiar a menos que visibilicemos el problema y lo hablemos de frente. Es importantísimo que abramos conversaciones sinceras con nuestra pareja y les hagamos entender que la inequidad en el hogar no solo es REAL, sino que es uno de los factores que continúa perpetuando la falta de equidad para la mujer en el mundo laboral.

Algo que llamó mucho mi atención durante las entrevistas con mamás fue darme cuenta de que muchas de las que trabajan fuera de casa, y ocupan cargos demandantes, no reparten equitativamente las tareas del hogar y los hijos con sus parejas. Una de las varias razones por las que esto ocurre es porque sienten la necesidad de compensar con trabajo "no remunerado" el hecho de que su pareja gane más que ellas. Mucho cuidado: aunque esto podría ser una razón válida, solo en algunos casos muy específicos, no se debe convertir en la justificación de una realidad totalmente injusta.

Veronica Jaris Tichenor en su libro *Earning more and getting less* muestra cómo, históricamente, los hombres han obtenido poder sobre las decisiones financieras y domésticas, trayendo a casa todos (o la mayoría) de los ingresos de la familia. Sin embargo, la superioridad financiera no ha sido una fuente de poder similar para las mujeres. Tichenor demuestra cómo las mujeres, en lugar de usar sus mayores ingresos para negociar relaciones más igualitarias, permiten que sus maridos perpetúen el dominio masculino dentro de la familia.

Si aún no estás convencida, mira el siguiente dato: Según un informe del *New York Times* sobre cómo pasan el tiempo las personas desempleadas, el 55 % de las mujeres dedica la mayor parte de su tiempo a las tareas del hogar o al cuidado de los demás, mientras que solo el 23 % de los hombres lo hace.

Conclusión: el comportamiento de los hombres está más influenciado por el condicionamiento social, que por su nivel de ingresos.

Este es un tema del que todos nos debemos hacer responsables. Así como tu pareja y tú deben luchar por la equidad dentro del hogar, así también deben luchar por la equidad fuera del hogar. En el trabajo, en la comunidad, en el colegio de los hijos, en el barrio, etcétera.

Esto me lleva a pensar en algo que ocurrió ayer. Mientras hacía un *break* de mi tiempo de escritura, me serví un té y tomé mi celular para revisar mis mensajes. En ese momento entró un mensaje en el chat del curso de mi hija mayor, en donde nos enviaban un documento de Google Drive para inscribirnos como voluntarias en la actividad a cargo del curso para el "Día de la familia" (un evento anual organizado por el colegio y que se lleva a cabo durante un sábado). El mensaje decía que las mamás podíamos inscribirnos para ser voluntarias y coordinar la actividad en alguno de los horarios dis- ponibles. En ese momento otra mamá escribió preguntando si los papás también podían inscribirse. La respuesta que recibió fue: "A, sí, claro, sí se puede…pero es que normalmente lo hacen las mamás".

Al leer estos mensajes empecé a cuestionarme: ¿Cómo puede ser que en pleno 2023 aún se espere que actividades como estas, que se llevan a cabo en un día de familia, sean responsabilidad mayormente (y casi que únicamente) de las mamás? He ahí una de las razones por las que a las mujeres nos cuesta tanto encontrar un verdadero balance en nuestras vidas. Además de que nos cuesta delegar y soltar, además de la culpa que nos persigue por no ser "la mamá perfecta que es voluntaria en todas las actividades del colegio de sus hijos", el mundo alrededor nuestro tampoco nos ayuda.

Es muy importante que no solo en nuestro hogar, sino desde esos roles que desempeñamos en otros entornos, como voluntarias, como líderes, como miembros de comunidad, alcemos la mano y cuestionemos este tipo de situaciones. ¿Por qué seguimos esperando tanto de las mamás? ¿Por qué no involucramos a los papás de una vez por todas en todo aquello que tiene que ver con sus hijos y con su familia? (Tip: Cada vez que digas "normalmente..." pregúntate si eso que estás afirmando es "normal"...o simplemente es lo mismo que se ha hecho siempre y no lo estás cuestionando).

Así como nuestras parejas no van a empezar a tomar más responsabilidades en el hogar si no hacemos el problema visible, nuestros entornos tampoco van a cambiar si no empezamos a hacer el problema visible. Esto no se trata solo de nosotras y de tener más balance, se trata de la familia, la sociedad y el futuro del mundo (y de nuestros hijos). El cambio empieza por casa. El cambio empieza por cuestionar ciertas "normas sociales" que no le ayudan a nadie, particularmente a nosotras las mujeres y a nuestras familias.

En Latinoamérica, y sobre todo en familias de mayores ingresos, tendemos a seguir perpetuando este tipo de ausencia del padre en las labores del hogar y cuidado de los hijos, en gran parte debido a que tenemos la posibilidad de contratar a terceras personas (empleadas, niñeras, tutoras, etcétera). Pero no podemos tapar el sol con un dedo: nuestros hijos se benefician mucho más cuando tienen una mamá y un papá igualmente presentes.

No estoy diciendo que tener una empleada o niñera sea malo, yo llevo siete años con la de mis hijas y más que una niñera es mi mano y mi pierna derecha. ¡Este libro no sería una realidad sin ella!...Pero tenemos que ser conscientes de hasta dónde es una ayuda y hasta dónde es una excusa para dejar de estar presentes con nuestros hijos (tanto nosotras como nuestras parejas). Yo te voy a ser muy sincera: Ha habido momentos en los que gracias al privilegio que he tenido de tener una persona de confianza en casa, he tendido a trabajar de más o dejado de estar presente con mis hijas porque sé que tengo quien me cubra la espalda.

Escapando de la dificultad para soltar el control Creo que las mujeres no somos suficientemente conscientes (o por lo menos lo digo por la yo de antes) del gran daño que nos hacemos a nosotras mismas al querer mantener el control de todo y no soltar la cargas tan pesada que llevamos sobre nuestros hombros. De lo perjudicial que puede ser para nuestra felicidad y nuestro bienestar el negarnos a soltar el control y darle la autonomía necesaria a nuestra pareja para trabajar en equipo con ella.

Recuerdo perfecto el momento en el que la enfermera durante el curso psicoprofiláctico miró a mi esposo y le dijo: "Tiene que tener paciencia porque ella va a estar trasnochada y agotada y le va a criticar todo lo que haga, la forma de sacar los gases, la forma de poner el pañal y muchas otras cosas más". Yo me reí imaginando una de esas escenas de *Chick flick* (sí, de las mismas que suelen romantizar el ma- trimonio y la maternidad). Mirando para atrás creo que en vez de reírme debí haber tomado ese comentario como un presagio de una muerte anunciada. Debí haber reflexionado para poder cuestionarlo y entender que había una forma diferente de hacer las cosas. Si pudiera devolver el tiempo, habría escrito y pegado esta frase en una pared visible (o quizás hubiera empapelado toda la casa):

> **CUIDADO:** criticar a tu pareja por la forma en que cuida a SU hijo (así lo haga de una forma diferente a la tuya) es la mejor manera de alejarlo y asegurarte de que nunca logren ser un verdadero equipo.

¿Te has puesto a pensar cómo sería tener un par en el tra- bajo que te vigile incesamente, y critique todo lo que haces? Nota que dije PAR, no tu jefe, ni el jefe de tu jefe, UN PAR. ¿Te imaginás lo que le haría eso a tu motivación en el trabajo? ¿A tus ganas de trabajar en equipo con esa persona?

Bueno, desafortunadamente eso es lo que hacemos muchas mujeres cuando nos convertimos en madres. Vigilar a nuestras parejas y criticarlas constantemente, enviándoles un mensaje muy dañino y que los aleja cada día más: "No confío en ti".

Ahora te invito a hacer la siguiente reflexión:

De 1 a 10, ¿qué tanto confías en tu pareja cuando se trata de su capacidad para ser un buen compañero y papá para tus hijos? Si tu nivel de confianza en tu pareja es muy baja, pregúntate: ¿Por qué? Cuáles son esas cosas que te hacen desconfiar y cómo pueden trabajar juntos para que no se conviertan en obstáculos en su camino como padres. De 1 a 10, ¿qué tanta autonomía le das a tu pareja cuando ejerce su rol como padre? Si el nivel de autonomía que le das a tu pareja es bajo, pregúntate:

¿Por qué?

¿Tengo miedo de que no pueda hacerlo bien? /si es así devuélvete a pensar en la confianza.

¿Me cuesta aceptar las diferencias?

¿Estoy siendo presa del perfeccionismo?

¿Me cuesta soltar el control?

La confianza y la autonomía van de la mano: cuando confías en tu pareja (de verdad), entonces puedes dejarla hacer las cosas, pero sobre todo dejar que las haga a su manera.

Sí, la realidad es que los hombres hacen las cosas de forma distinta a como las hacemos las mujeres, pero eso no quiere decir que no puedan hacerlas bien. Es más, ese "diferente" puede ser increíblemente beneficioso para un niño que al estar expuesto a estos escenarios, entiende que existe más de una forma de hacer las cosas. Además, al trabajar en equipo con tu pareja, le estás permitiendo a tu hijo crecer sin sesgos con respecto a aquello que "normalmente hace una mamá" o aquello que "normalmente hace un papá" y, por lo tanto, estás contribuyendo a construir un mundo más equitativo. La diversidad empieza por casa.

"Una mayor participación de los hombres en el trabajo reproductivo y de cuidado diario beneficia a todos y a todas. Contar con padres comprometidos favorece la igualdad de género. Es bueno para la salud de las mujeres; hay evidencia de que mejora las relaciones de pareja y contribuye a la reducción de los casos de violencia contra las mujeres, siendo también beneficioso para los niños y las niñas. Hay pruebas suficientes en todo el mundo de que la participación de los hombres en la crianza de sus hijos e hijas tiene un efecto positivo en ellos y ellas, así como en las relaciones que entablarán cuando sean adultos. Las niñas se sienten más empoderadas, y los niños tienden a creer más en la igualdad de género y a compartir el trabajo reproductivo y de cuidado no remunerado si vieron a su padre haciéndolo", Promundo.

APRENDE A DELEGAR Y REPARTIR CARGAS

Los resultados de un estudio llamado *Familias y trabajo* reveló que gran parte de la presión del tiempo que experimentamos las mujeres hoy en día es autoimpuesta, debido a problemas para delegar y soltar el control.

El objetivo de delegar no es que dejes de hacer cosas importantes, el objetivo es que dejes de hacer ciertas tareas que otros pueden hacer igual o mejor que tú. Tareas en que tú no estás agregando ningún valor y que, por el contrario, terminan llenando tus días y tus semanas, generando estrés y te impiden estar realmente presente cuando estás con tus hijos.

Ahora, quiero compartirte las prácticas que me han funcionado mejor a la hora de delegar en mi hogar y que espero puedan ayudarte a ti también:

- Piensa en fortalezas y preferencias.

- Aterriza y comunica claramente las expectativas.

- Delega la tarea de principio a fin.

 Agradece.

Piensa en fortalezas y preferencias

En el entorno profesional aconsejan que aprendamos a reconocer nuestras fortalezas para enfocarnos en ellas y, al mismo tiempo, reconozcamos nuestras debilidades para rodearnos de gente que nos complemente y nos ayude con esas cosas que se nos dificultan más. Eso es exactamente lo mismo que podemos hacer en nuestro hogar y cuando se trata de trabajar en equipo con nuestra pareja, la niñera, o las personas que nos soportan en nuestra labor como madres.

Una de las cosas que se le facilita a mi esposo, y que disfruta, es madrugar (definitivamente no es lo mío). Por esa razón hace un tiempo decidimos que él sería quien se levantaría temprano en la mañana para alistar a nuestra hija y llevarla al bus del colegio. Yo me levanto un poco más tarde (y con mucha mejor actitud) y me encargo de alistar a nuestra hija menor que sale más tarde para su jardín. También tengo energía hasta más tarde en la noche, así que soy yo quien se encarga de las cosas que hace falta hacer durante la noche (como alistar la lonchera de mi hija para el día siguiente).

Hacer este cambio no fue fácil para mí. Una de mis creencias heredadas era que yo, como mamá, era quien debía levantar todos los días a mi hija, alistarla para su colegio y llevarla al bus. Me costó muchísimo cuestionar eso y soltar para permitir que fuera mi esposo quien lo hiciera. Aún me pasa que me encuentro en medio de una conversación donde otras mamás están hablando sobre la madrugada y los retos de la rutina de la mañana con sus hijos y me siento un poco incómoda. Empiezo a cuestionarme y me invaden esas voces críticas internas: ¿Seré una mala mamá por no hacer esto para mi hija? ¿Acaso no es eso lo que hacen las "mamás perfectas"? Luego trato de recordar que son todas creencias aprendidas y expectativas externas las que me están jugando una mala pasada y reemplazo esos pensamientos de culpabilidad y juicio por unos mucho más positivos: Yo sé que soy una mamá presente y comprometida, a mi manera, y eso es lo importante. Así que si te soy sincera, no es fácil, pero es importante intentarlo. Por mi lado, aquí sigo trabajando en dejar de sentirme culpable e imperfecta, en reconocer con orgullo que estoy intentando hacer algo diferente y de paso mostrarle a otras mamás que allá afuera existe un mar de posibilidades de ser mamás presentes (no perfectas).

No puedes imaginar la diferencia que esto ha hecho en nuestra vida como pareja y nuestro trabajo en equipo como padres. Aprender a conocernos mejor, aceptar y trabajar desde nuestras fortalezas y debilidades (no desde las expectativas externas) nos ha permitido disfrutar muchísimo más de nuestro rol como padres. Cada uno saca lo mejor desde lo que más se le facilita y lo que más disfruta. Claro, así como en el trabajo, no todos las actividades asociadas a la crianza son necesariamente agradables, pero cuando uno está utilizando sus fortalezas gran parte del tiempo, el resto de las tareas (no tan agradables) se hacen mucho más llevaderas.

Aterriza las expectativas

Nunca se me olvida esa primera semana en que mi esposo empezó a levantarse a alistar a nuestra hija para el colegio. Habían pasado ya varios días de esta dinámica y yo me había prometido a mí misma que NO me levantaría a supervisar el proceso. Pero al día cinco me ganó la intriga y no pude resistirme más. Entonces salí en puntitas del cuarto, como para no ser tan evidente y me encontré con la siguiente escena: mi hija estaba totalmente lista para bajar al bus, solo había un pequeño problema y era que tenía puesta una camiseta rota, manchada y su peinado competía con el de un espantapájaros. En ese momento respiré, me reí, y fluí con lo que en otro momento hubiera podido ser el comienzo de una guerra mundial. Obviamente no quería que mi hija siguiera yendo así al colegio (y correr el riesgo de que me contactaran del servicio social), pero tampoco quería echar para atrás el avance que habíamos logrado en equipo con mi esposo.

Una de las razones por las que a las mujeres nos cuesta tanto delegar (y me incluyo) es porque tenemos expectativas demasiado altas. Queremos que todo sea y se vea perfecto, hasta nuestros hijos. En vez de eso es muy beneficioso cuando aprendemos a tener expectativas más realistas, a soltar

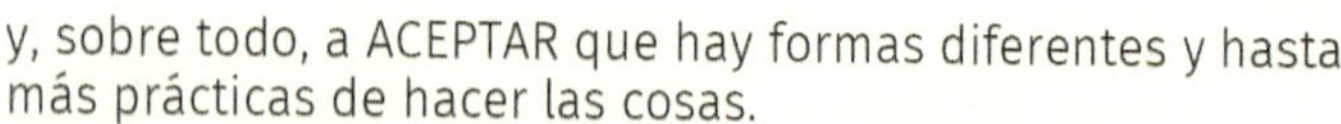

y, sobre todo, a ACEPTAR que hay formas diferentes y hasta más prácticas de hacer las cosas.

Un estudio hecho en Inglaterra reveló que las mujeres invierten hasta tres horas a la semana rehaciendo tareas que piensan que sus parejas hicieron "mal" (*cambia parejas por "niñera/mamá/suegra"). HASTA TRES HORAS.

Yo personalmente no estaba dispuesta a supervisar el estado de mi hija todas las mañanas porque entonces no tendría sentido y no podría aprovechar ese espacio de tiempo para mí. Lo que tenía que hacer era aterrizar las expectativas.

Para aterrizar expectativas, me gusta utilizar un concepto que conocí durante mi lectura del libro *Fairplay*, de Eve Rodsky y es el del "mínimo estándar viable". Cuando le delegamos una tarea a otra persona, es muy importante que dejemos claro qué es lo mínimo que esperamos, así evitamos decepciones, tres horas de supervisión a la semana o esas peleitas "bobas" (pero que se acumulan y dañan relaciones).

Después de ver cómo estaba mi hija ese día antes de salir del colegio, mi esposo y yo nos sentamos y definimos cuál sería un mínimo estándar viable que nos dejara satisfechos a todos. Entonces acordamos que el mínimo estándar viable para la alistada de mi hija para el colegio era: un desayuno suficiente, uniforme limpio (no tiene que parecer de propaganda de detergente, pero al menos decente), el pelo limpio y lejos de su cara. Mi esposo fue claro en que lo suyo no eran los peinados tipo Pinterest, así que fuí a una tienda y compré una bolsa entera de moños "fáciles de poner" y asunto arreglado. Resultado: yo sigo durmiendo un tiempo extra, me levanto feliz y medito casi todas las mañanas.

Delega la tarea de principio a fin

Otro concepto que voy a traer de Eve Rodsky y su libro *Fair-Play* es el de CPE, que se refiere a las iniciales de tres palabras: Concepción-Planeación-Ejecución. Pero: ¿Qué quiere decir esto? Que para delegar una tarea de manera efectiva debemos entregarla de principio a fin. Desde su concepción hasta su ejecución.

Hagamos el ejemplo con una necesidad puntual: la entrada de los niños al colegio.

Concepción: En un mes entran los niños al colegio y hay que comprar nuevos uniformes. Mucho cuidado con este pedazo, puede parecer muy simple, pero genera mucha carga mental: es esa nubecita que aparece en nuestra cabeza constantemente que dice "esto ya casi hay que hacerlo, esto ya casi hay que hacerlo, esto ya casi hay que hacerlo". Cuando delegamos una tarea, pero no entregamos este primer pedazo, no logramos mucho, pues el simple hecho de seguir siendo responsables de la concepción de la tarea consume demasiada energía de nuestro cerebro, mucha más de la que nos imaginamos .

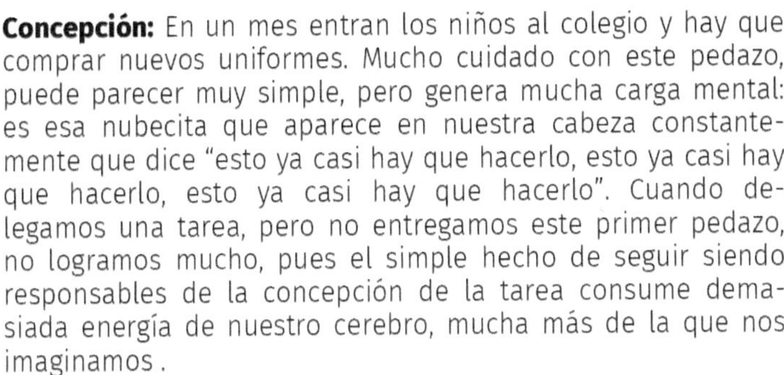

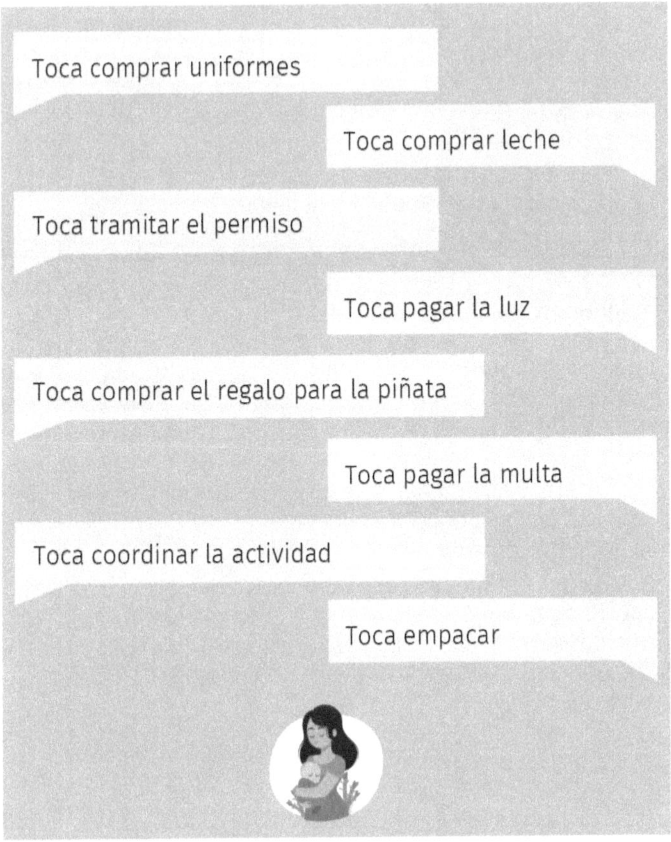

Planeación: Confirmar en qué talla están los niños, qué piezas del uniforme se deben comprar, en dónde y para cuándo.
Ejecución: Comprar los uniformes y tenerlos listos antes del primer día de colegio. Al delegar una tarea de principio a fin, no vamos a tener que recordarle a la otra persona lo que tiene que hacer ni tampoco cuándo ni cómo.

Agradece En medio de nuestro corre corre diario como profesionales, madres, hijas, hermanas, etcétera, empezamos a dar por sentado lo que tenemos, incluyendo a esas personas que nos soportan en nuestro día a día: nuestra pareja, nuestra mamá, nuestra hermana, la niñera, entre otras.

Pero todo cambia cuando paramos al menos por un segundo y reconocemos lo que otros alrededor nuestro hacen para que nuestra vida sea mejor. Cuando empiezas a reconocer y agradecer lo que tu pareja o lo que otra persona hace por ti, todo cambia. Esa persona empieza a darse cuenta de que tú te das cuenta de lo que su apoyo significa para ti y lo que lo valoras. Eso la motiva y la lleva a hacer más.

Claro, es importante que no seas solo tú quien está agradeciendo y reconociendo constantemente al otro (sobre todo hablando de tu pareja), esto es algo que debe practicarse de lado y lado. Pero créeme, te sorprenderá notar que cuando tú empiezas a tomar la iniciativa, las cosas empiezan a fluir mucho más, también de esa persona hacia ti. Deja una notica ("Gracias, tu ayuda hace mi día más feliz", "Gracias por ser mi compañero y mi soporte") o, inclusive, en un día cualquiera cómprale eso de comer que le gusta a esa persona con un simple gracias. El agradecimiento es una práctica que se multiplica y se devuelve.

Por último, practica, practica, practica, esto te llevará a hacerte una maestra en "pedir y recibir ayuda". Esto es una práctica de toda la vida, pero que te prometo, cambiará tu vida entera y te permitirá ser una mamá verdaderamente presente.

ACÉRCATE A OTRAS MAMÁS Y CONSTRUYE COMUNIDAD

Comprometámonos a crear el tipo de maternidad que queremos ver en el mundo. Construyamos aldeas. Convirtámonos en una.
Angie V. Martin

Había pasado más o menos un mes desde la muerte de mi papá. Todavía era difícil asimilar todo lo que había pasado, había días en que me despertaba pensando que era solo una pesadilla y que me levantaría para verlo caminar por la casa. Mis dos hijas estaban en casa por temas de aislamiento de Covid-19, así que decidí dedicarme mucho a ellas, mientras trataba de recuperarme física y emocionalmente. Un día de estos que a veces parecían eternos bajé con mis dos hijas al cuarto de juegos del edificio para distraernos y cambiar un poco de ambiente. Entonces vi a una mamá entrar con un chiquito que tenía la misma edad de mi hija menor. Al oír que hablaban en francés, le pregunté si vivía en el edificio, a lo que me contestó que sí, que habían acabado de llegar de Alemania Le dije que me imaginaba lo difícil que podía ser llegar a un país nuevo, sin saber el idioma y con un niño pequeño, en medio de una pandemia, así que inmediatamente le ofrecí que podía contar con mi esposo y conmigo para lo que necesitara. Unos días después de eso le comenté que iba a contratar una profesora para que viniera a darle clases a mi hija y que, si ella quería, su hijo Lyan podría unirse a las clases, a lo que me contestó que sí. Poco después de eso le preguntamos a otras familias del edificio que también tenían hijos de la misma edad y también decidieron unirse a las clases.

En cuestión de días armamos todo un jardín infantil en el salón de niños de nuestro edificio, con seis niños, una profesora y una asistente. Habíamos construido una pequeña comunidad en medio de una pandemia.

La pandemia, a pesar de ser extremadamente retadora, sobre todo para aquellos que perdimos seres queridos, ha servido como una oportunidad para replantearnos muchas cosas con respecto a la manera en que veníamos viviendo. Una de esas cosas: la falta de tiempo para compartir en familia. La otra: la falta de conexión con las personas alrededor nuestro. Antes de la pandemia, por ejemplo, yo casi ni conocía a mis vecinos y me limitaba a saludarlos cuando nos encontrábamos en el ascensor.

La vida moderna, sobre todo en ciudades grandes como en la que vivo, nos llevó a vivir corriendo, trabajando y desconectados unos de otros. Pero la vida y la maternidad no se hicieron para vivirlas de esa manera. Si le damos una mirada a la historia, la maternidad siempre se llevó a cabo dentro de comunidades muy cercanas, en donde las madres, los padres, las tías, las abuelas, las vecinas, las matronas y todos se ayudaban entre todos y se preocupaban por el bienestar de los niños que eran parte de esa comunidad. De ahí el famoso término: *"It takes a Village"* (Se necesita una aldea). Un *village* o aldea no se refiere necesariamente a un espacio físico, sino a una red de apoyo, segura e íntima, un círculo de mamás en donde todas puedan:

- Compartir sus retos, sus logros, sus aprendizajes y sus vivencias .

- Ser vulnerables y pedir ayuda. Ocuparse del bienestar de los niños de esa tribu o comunidad.

- Cuidarse unas a otras.

- Sentirse bienvenidas y reconocidas (a pesar de las diferencias).

Una tribu o comunidad de mamás no necesariamente tiene que ser grande, lo importante es que sea un espacio seguro, empático y muy humano. Hoy tenemos muchas formas de conectarnos con otras mamás, sobre todo a través de espacios virtuales: grupos en redes sociales, grupos de WhatsApp, etcétera.

Pero no nos quedemos solo con pertenecer a un grupo virtual y comentar o interactuar de vez en cuando. Aunque la tecnología es una gran herramienta que nos permite estar conectadas con más personas, lo más importante es la verdadera conexión de humano a humano, donde primen dos cosas fundamentales: la compasión y la confianza. Estas dos cosas son claves para construir una comunidad de mamás reales, en donde todas se sientan seguras, puedan ser vulnerables y compartir sus retos y miedos de manera abierta y sincera con un objetivo clave: apoyarse unas a otras sin comparaciones ni juicios.

FORTALECE LA COMPASIÓN Y LA CONFIANZA

Varias de las madres con las que hablé para este libro me comentaron que pocas veces habían hablado de una manera tan vulnerable y sincera sobre sus retos como madres a cuando lo hicieron durante sus conversaciones conmigo. Entonces pensé que eso mismo también era cierto para mí. Pocas veces antes había llegado a hablar sobre mis retos de la maternidad de una manera tan sincera y vulnerable con otras mamás como cuando compartí esos espacios con todas ellas para escribir este libro. Y así como ellas me agradecieron, yo también les estoy infinitamente agradecida: esas conversaciones de corazón de mamá a corazón de mamá me cambiaron para siempre y hoy me permiten ser mucho más compasiva conmigo misma y con otras mamás alrededor mío. Hoy te invito a que abras tu corazón de mamá a otras mamás, y que desde la confianza y la vulnerabilidad compartas con ellas tus retos. Te prometo que lo que experimentarás será increíble.

Durante una de mis sesiones del curso Mindful Change sobre relaciones, mi maestra María Camila Urzola nos hizo la siguiente pregunta:

¿Por qué creen que nos cuesta relacionarnos con otras personas?

La verdad no supe qué contestar. Nadie supo. Entonces ella nos explicó que desde pequeños nos enseñan a competir unos con otros. Inclusive hasta con nuestros propios hermanos. Nos comparan, nos miden por el que es el más inteligente, el más lindo, el más bien portado. Y entonces en vez de convertirnos en adultos que aprenden a vivir y cooperar, aprendemos todo lo contrario: a juzgarnos y competir unos con otros.

Entonces, cuando nos convertimos en mamás, no solo nos comparamos entre nosotras, sino también comparamos a nuestros hijos (y de paso los utilizamos para medir y juzgar qué tan buenas mamás somos). Eso nos mantiene aisladas, compitiendo y juzgandonos unas a otras.

Es por esto que un paso indispensable hacia la creación de comunidades de mamás, en donde todas podamos pertenecer a pesar de nuestras diferencias, es empezar por fortalecer el músculo de la compasión, algo que se trabaja mucho desde la práctica del *mindfulness* o atención plena. Cuan- do fortalecemos la compasión, logramos ser más amables y amorosas, no solo con nosotras mismas, sino con las personas a nuestro alrededor. Empezamos a dejar de juzgar tanto y ser realmente capaces de ponernos en los zapatos del otro y decir: "Te veo, te entiendo y te deseo lo mejor".

Cuántas veces no caemos en la trampa de juzgar a otras mamás desde nuestra propia y sesgada experiencia:

"Es que ella trabaja mucho y no le pone atención a los hijos". "Es que ella no trabaja y no hace nada, solo malcría a sus hijos".

Cuántas veces no juzgamos a otra mamá por el simple hecho de que lo hace distinto a como lo hacemos nosotras, en vez de verla como una mamá de carne y hueso, que, igual que tú, está tratando de ser la mejor mamá para sus hijos.

Tenemos que empezar por derribar esas barreras tan grandes y pesadas que nos separan. Si trabajamos, si no, si somos independientes. ¿Qué importa? Todas somos mamás y queremos lo mejor para nuestros hijos. Dejemos de vivir como si fuéramos parte de bandos diferentes y empecemos a crear esos lazos que tanto necesitamos para que nos sinta- mos tranquilas y seguras dentro de comunidades de mamás, dentro de las cuales podamos ser realmente vulnerables, hablar sinceramente de nuestros retos, de nuestras insegu- ridades, de nuestros miedos y, sobre todo, ayudarnos unas a otras. Porque como decía Madeleine Albright: "Hay un lugar especial en el infierno para las mujeres que no ayudan a otras mujeres".

Quiero dejarte aquí una meditación muy especial que di- señe a partir de la meditación de bondad amorosa con una adaptación hecha especialmente para mamás. Es una medi- tación pensada en que puedas fortalecer tu autocompasión como mamá y la compasión hacia otras mamás alrededor tuyo.

Meditación de Bondad Amorosa para Mamás

Siéntate en una posición cómoda, con la espalda recta y cierra tus ojos. Inhala y exhala profundamente. Inhala y haz consciencia de que estás inhalando. Ex- hala y haz consciencia de que estás exhalando, aquí y ahora. Inhala y exhala.

Llevando tu atención a la respiración, visualiza frente a ti a otra mamá cercana a quien quieras y admires.

Mirándola a los ojos sonríes y le dices:

"Deseo que seas feliz"
"Deseo que tengas paz"
"Deseo que tengas salud"
"Deseo que tengas amor"
"Deseo que vivas con propósito"
"Deseo que tengas todo lo que necesitas para ser
una mujer y una mamá plena y presente"

Y te quedas por un momento allí, observando,
pensamientos, sensaciones, emociones.

Llevando toda tu atención a tu respiración, te das
la oportunidad de visualizar frente a ti, una mujer/
mamá con la que te ha quedado difícil relacionarte,
con la que has tenido diferencias. Mirándola a los ojos
le sonríes y le dices:

"Deseo que seas feliz"
"Deseo que tengas paz"
"Deseo que tengas salud"
"Deseo que tengas amor"
"Deseo que vivas con propósito"
"Deseo que tengas todo lo que necesitas para ser
una mujer y una mamá plena y presente"

Inhalando profundamente te quedas haciendo
conciencia de las sensaciones, emociones y pensamientos que surgen.

Usando tu imaginación, observa cómo frente a ti
apareces tú misma y con una gran sonrisa permítete
mirarte a los ojos y decirte:

"Deseo que seas feliz"
"Deseo que tengas paz"
"Deseo que tengas salud"
"Deseo que tengas amor"
"Deseo que vivas con propósito"

"Deseo que tengas todo lo que necesitas para ser
una mujer y una mamá plena y presente"

Y te quedas por un momento allí, observando,
pensamientos, sensaciones, emociones.

Llevando nuevamente tu consciencia a la respiración, te permites visualizar frente a ti, a uno o varios de tus hijos. Con una gran sonrisa, mirándolos a los ojos, les dices:

"Deseo que seas feliz"
"Deseo que tengas paz"
"Deseo que tengas salud"
"Deseo que seas próspero y abundante"
"Deseo que tengas amor"
"Deseo ser para ti, una fuente de amor, conexión y
presencia"

Toma una inhalación muy profunda y permítete
sentir, tus emociones, sensaciones y pensamientos.

Y regresando a tu respiración, inhalando y exhalando profundamente, repites:

"Deseo que todas las madres sean felices"
"Deseo que todas las madres tengan paz"
"Deseo que todas las madres tengan salud"

"Deseo que todas las madres vivan con propósito"
"Deseo que todas las madres tengan lo que necesitan para ser mujeres y mamás plenas y presentes"

Inhalando profundamente, te permites observar,

sentir, cada sensación, cada emoción que surge, cada
pensamiento. Sin juzgar.

Ahora te vas a dar un abrazo lleno de amor y compasión hacia ti misma, mientras tomas tres inhalacio-
nes profundas con su respectiva exhalación.
Recuerda: Ese mismo abrazo puedes dártelo cada
vez que necesites.

Ahora abre tus ojos, inhala y exhala por última vez.

En mi página web (www.anagiraldo.co) o a tráves de este
código QR puedes acceder a la meditación guiada por mi:

ÁBRETE Y DA EL PRIMER PASO

Para construir una tribu, aldea o comunidad de mamás, no necesitamos sentarnos a esperar hasta reclutar a un ejército de mujeres, basta con empezar dando un primer paso.

Algo muy lindo que ha ocurrido mientras escribo este libro es que con cada capítulo que escribo no solo revivo la historia (río, lloro y sano a la vez), sino también hago más consciencia de cada tema y cada consejo. Eso me motiva a aplicarlo con más profundidad en mi vida. Cuando empecé a escribir esta sección me di cuenta de que podía hacer mucho más para conectarme con otras mamás alrededor mío y crear comunidad. Entonces me propuse lo siguiente: antes de continuar escribiendo, iba a acercarme a una mamá al día y a generar mayor conexión con cada una de ellas a través de pequeñas acciones. Dándole un consejo de los que ya había escrito en este libro, compartiendo una meditación que pudiera calmarla en ese momento retador que estaba viviendo, llamándola para escucharla y brindarle apoyo, ofreciéndome a ayudarla con su hijo.

Precisamente durante ese periodo me enteré de que el esposo de mi querida amiga y vecina, Ulle, estaría de viaje y que ella estaría unos días sola con su chiquito. Entonces le escribí y me ofrecí a hacer comida para compartir con ellos y que ella no tuviera que cocinar. Como por esos días era el día de la madre, le compré un pequeño bonsái y se lo llevé junto con la comida y una nota que decía "*It takes a village, lets be one*" (se necesita una aldea, seamos una). A los pocos días ella nos envió un detalle con una postal diciendo que estaban felices de ser parte de nuestra aldea y me ofreció que si quería podía compartirme de la pasta que haría ese día para su familia, a lo que contesté con entusiasmo que sí (ese día me estaba sintiendo muy mal por un virus que mi chiquita había traído del jardín y definitivamente no estaba dispuesta a cocinar nada). Esto me demostró el poder de dar un primer paso: hoy, esto se convirtió en algo que hacemos regularmente. Apoyarnos cuando alguien está enfermo o alguien de la familia está de viaje.

No se trata de ayudar a otra mamá y sentarnos a esperar una llamada. Se trata de tomar acción: estar ahí, estar pendientes, tener un detalle, compartir una comida, ofrecernos a cuidar al hijo de una vecina, recoger al hijo compañero del colegio de nuestro hijo, etcétera. Todas esas cosas que tú quisieras recibir de una comunidad, trata de ofrecerlas proactivamente a otras mamás. Normaliza este tipo de inte- racciones de mamá a mamá y, casi garantizado, empezarás a ver el efecto dominó alrededor tuyo.

Hoy te invito a eso: durante los próximos días hazte el propósito de ayudar a otra mamá en tu comunidad. Ofrécele invitar a su hijo una tarde a tu casa, ofrécele recogerlo un día de una fiesta, ofrécele tu tiempo y escúchala. No tiene que ser nada grande, simplemente ayuda a otra mamá a sentirse menos sola, a sentirse más apoyada. Verás que de ahí en adelante no querrás parar y lo harás para otra mamás, y así mismo ellas lo harán por ti.

Nos necesitamos unas a otras, ya sea que estemos listas para admitirlo o no. No estamos destinadas a hacer esto solas. Y no me refiero a si tienes un cónyuge o tus padres viven cerca, eso hace que todo esté mucho mejor porque no estás sola. Pero no se trata de eso, la maternidad, especialmente en los primeros años, puede ser extremadamente solitaria, incluso si estás rodeada de gente. Pero las madres que se apoyan unas a otras, que pueden sentarse en un círculo y compartir los altibajos, y que pueden estar ahí para que las demás se tomen un descanso: Eso es lo que puede tener un mayor y mejor impacto"

Angie V. Martin.

Encontrando soporte para ser una mamá más presente

Hoy 12 de Julio de 2022, hace exactamente dos años, le regalé a mi papá de cumpleaños un libro de Nueva York, su ciudad favorita. Una ciudad que guarda grandes recuerdos para mi familia, pues fue la ciudad en la que mi mamá y mi papá empezaron su aventura como familia. Además del libro le escribí una carta en donde le prometía que apenas pasara la pandemia viajaríamos a Nueva York juntos para recorrer sus pasos, para recordar su historia en esos primeros cinco años de matrimonio con mi mamá. Ese viaje nunca ocurrió.

Hace unos meses mi hija de siete años empezó a pedir con insistencia que la lleváramos a conocer Nueva York y así fue como decidí desempolvar mis planes de viajar a esa ciudad. Hoy estoy aquí escribiendo estas palabras después de llegar de pasar unos días con mi familia allí. Fue un viaje mágico y en cada paso que recorrimos sentí a mi papá con nosotros, de alguna manera sabía que había sido él quien me había puesto ahí para disfrutar esos días inolvidables con mi familia, eso lo convirtió en algo profundo y especial. Aunque yo ya había estado varias veces en esa ciudad, inclusive por periodos largos, nunca antes la había disfrutado tanto. Sus calles llenas de gente, su diversidad, su energía inigualable, las luces, los edificios, los puentes. Entonces no pude dejar de preguntarme: ¿Por qué este viaje fue tan diferente a todos los anteriores? ¿Por qué lo disfrute tanto a pesar de que era la primera vez que lo hacía mientras correteaba a dos niñas pequeñas? Entonces entendí que había algo diferente en mí: a través de mi transformación de los últimos años y de trabajar en todas las cosas de las que hemos hablado hasta acá, incluyendo encontrar soporte para no hacerlo sola, había logrado dejar de vivir en automático para pasar a vivir de manera consciente e intencional, había logrado encontrar el espacio necesario para disfrutar de los pequeños momentos con mis hijas y con mi familia, ese espacio que me permite estar verdaderamente presente.

Aunque no pude cumplir la promesa que le hice a mi papá de llevarlo a Nueva York, pude comprobar que había avanzado en el camino hacia cumplirle la promesa que le había hecho en mi carta de despedida:

"Te prometo que siempre intentaré estar presente, sin importar las circunstancias".

Hoy te invito a ti a que intentes eso: diseñar tu vida y encontrar el soporte que necesitas para poder estar presente, disfrutar a tus hijos. Disfrutar a tu familia. Disfrutar tu vida. No creas que no sé que NO es fácil. No es fácil porque vivimos en un mundo que nos exige demasiado y nos brinda poco soporte. Hay mucho que tenemos que seguir exigiendo para nosotras las madres de parte de nuestros gobiernos, el mundo corporativo y nuestra sociedad, pero mientras peleamos por ello, y lo recibimos, podemos empezar por aquello que está bajo nuestro control: pedir y recibir ayuda, apoyarnos en otros para abrir ese espacio que tanto nos merecemos para disfrutar la vida y estar presentes.

Pregúntate constantemente:

¿Tengo en este momento el soporte que necesito para ser una mujer plena y una mamá verdaderamente presente?

Sigue trabajando constantemente en esto porque tú te mereces ese espacio para ser feliz, para disfrutar a tus hijos, para acompañarlos a convertirse en grandes seres humanos, SIN OLVIDARTE DE TI.

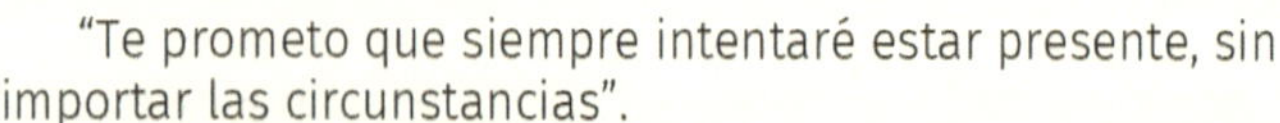

EJERCICIO DE REFLEXIÓN

Como vimos en el capítulo, las estadísticas muestran que hoy en día las mujeres aún hacen la mayoría del trabajo en la casa y del cuidado de sus hijos y padres mayores. Hay varios factores que contribuyen a esto. Uno de ellos son las creencias que tenemos con respecto a quién es más "apto" para hacer labores del hogar o del cuidado de otros. ¿Qué creencias tienes acerca de las habilidades, capacidades u obligación es de mujeres vs hombres cuando se trata de las labores del hogar o cuidado de los hijos? Nota, por ejemplo, si siempre has sentido que tú puedes cuidar mejor a tus padres que tu hermano, o si el papá de tus hijos nunca va a ser igual de bueno que tú en ciertos detalles, o cuidados de los niños. Estas son creencias que hacen parte de un patrón cultural que viene de muchos años. ¿Reconoces alguna de estas creencias en tu propia vida?

Otro de los factores que contribuye a que las mujeres vivamos sobrecargadas tiene que ver con la forma en que nuestra sociedad nos ha enseñado a "valorarnos" y a valorar el tiempo (valor = a lo que hacemos, tiempo=$$$):
¿Cuáles son esos mensajes/creencias que tienes alrededor de tu valor como persona asociado a lo que haces?

¿Crees que alguna de estas creencias te lleva a hacer más de la cuenta, a vivir "ocupada" y no darle prioridad a tu bienestar?

Para ti cómo se mide el tiempo: ¿En dinero o en minutos? Reflexiona sobre cómo esto puede estar afectando la carga que llevas sobre tus hombros.

El otro factor que contribuye a que las mujeres vivamos sobrecargadas es la dificultad que tenemos para soltar el control y delegar. Reflexiona sobre esto en tu propia vida: ¿Cómo me siento con respecto a pedir ayuda?

¿Cuáles son las áreas en las qué más me cuesta soltar el control y delegar? (manejo del hogar, de los hijos, trabajo). ¿Por qué crees que pasa esto y cómo crees que puedes trabajarlo para darle paso a encontrar más soporte?

Si yo tuviera más soporte en mi vida, podría...

Ahora revisa en qué áreas de tu vida necesitas más soporte para que empieces a buscarlo: Califica cada una de estas áreas de 1 a 5 en términos de qué tanto soporte tienes en esa área de tu vida (1:muy poco so- porte 5: mucho soporte).

Manejo   del   hogar:
Cuidado de los hijos y familia(padres mayores, etcétera)

Finanzas:
Trabajo:
Salud/Bienestar:

¿Otra categoría que sea importante para ti?

Ahora completa la tabla abajo con las siguientes columnas:

Columna 1:
Incluye aquellas áreas que calificaste por debajo de 5.

Columna 2: Lluvia de ideas sobre formas en las que podrías obtener más apoyo en esa área. Anota todo lo que se te ocu- rra (evita dejar de poner cosas pensando en detalles como "Me tomará demasiado tiempo explicar cómo hacer esto bien", "Mis hijos se resistirán demasiado", "Es muy complica- do" o "No tengo el dinero para esto". En este ejercicio se trata de pensar en el mejor escenario posible (sin peros): ¿Cómo puedes crear una vida con más balance y menos estrés si no te permites soñar con el mejor escenario posible? Apunta a las estrellas para abrirte a la posibilidad de obtener mucho más soporte del que te imaginas posible.

Columna 3: Piensa en una persona, servicio o herramienta, que podría ser un apoyo para ti en esta área.

Áreas en que necesito más apoyo	¿Cómo puedo obtener más apoyo en esa área? (Escribe todo lo que se te ocurra sin peros ni limitaciones)	¿Quién o qué puede apoyarme con esta tarea?

CAPÍTULO 6

DE MAMÁ PERFECTA A MAMÁ PRESENTE

Durante mucho tiempo me culpé y fui muy dura conmigo misma por no haber estado realmente presente durante esos últimos minutos que compartí junto a mi papá en el hospital. Me perseguían los típicos "hubiera": Si hubiera estado ahí y no tratando de estar en mil lugares al mismo tiempo, si hubiera estado más pendiente de él durante el día previo a su ingreso al hospital, si hubiera ido cuando me llamaron del hospital el día en que murió para alcanzar a verlo por última vez.

Perder a alguien tan importante en mi vida, de esa ma- nera, en medio de una pandemia, sin la posibilidad de despedirme y hacer un proceso de duelo "normal" hizo que todo fuera mucho más confuso, más invisible, más silencioso y más prolongado. Con mucha paciencia, y mucho trabajo per- sonal, un año después de todo lo sucedido, logré empezar a sentirme un poco más tranquila y en paz con lo que ha- bía sucedido. Sentía que había logrado sanar gran parte de mi dolor. Fue entonces cuando llegó la pérdida de mi último embarazo para sacudirme de nuevo. ¿Otra pérdida más? La verdad es que ya no quería tener que afrontar más ese sentimiento en mi vida. Me sentía sin fuerzas de nada. Dejé de escribir, dejé de meditar y de hacer ejercicio, puse toda, absolutamente toda, mi vida en pausa. Me encontraba en un lugar muy oscuro, sentía que estaba a las puertas de una depresión. Afortunadamente en ese momento tuve el apoyo de mi familia y decidí pedir ayuda externa. Hice el retiro de *mindfulness*, contraté a mi *coach* y tomé fuerzas para continuar. Pero también empecé a entender algo muy importante, y es que trabajar en uno mismo es algo que hay que hacer con constancia. El trabajo personal no es un proyecto puntual a lo que se le puede poner fecha de "entrega", no es algo en lo que podemos trabajar por horas y sin descanso para así obtener mejores resultados. La transformación verdadera y duradera, que nos va a permitir convertirnos en seres humanos más conscientes y presentes (no solo para nuestros hijos, sino en general para vivir vidas más plenas), es un trabajo que tenemos que hacer diariamente por el resto de nuestra vida.

Algo muy lindo que empezó a suceder con este proceso, y particularmente después de esta última pérdida que me puso una vez más de cabeza, es que empecé a ver cómo mi transformación, ahora más profunda y estable (nunca perfecta, pero al menos sostenible en el tiempo), se empezaba a reflejar en todo mi entorno. Sobre todo en mi familia.

Martina, mi hija mayor, es una niña muy especial y de una personalidad única. Determinada y audaz, desde pequeña, es una niña con un temperamento fuerte. Martina y yo somos muy diferentes. Al principio eso supuso para mí un gran reto como madre y como persona. Caí en la tentación de querer moldearla a mi gusto, resistiendome a sus actitudes y sus personalidad. Al fin y al cabo era mi niña, soñaba con verla de falda y peinada con dos colitas. Soñaba con que le gustara bailar y fuera extrovertida, con que fuera dócil y tierna. Pero ella es aventurera, práctica, prefiere los pantalones a las faldas, prefiere el fútbol al *ballet*, prefiere sentarse frente a un computador, que pararse frente a una multitud a bailar. Por varios años, sobre todo después de sus tres, ella y yo tuvimos una relación de altibajos. Mucho amor, pero también muchos momentos de tensión. Con los años, nuestra relación en vez de fortalecerse, se enfriaba. Sus pataletas y sus explosiones de rabia me sacaban totalmente de casillas. Eso sumado a las demandas de cuidar a mi segunda bebé y las dificultades de salud tanto mías como de mi familia, me dejaban totalmente exhausta y frustrada. Llegué a sentir que esto de ser madre me estaba quedando grande. Pero poco a poco todo empezó a cambiar. Empezó mi transformación y con ella la transformación de mi relación con mi hija. Empecé a notar no solo cómo nos acercamos de nuevo, cómo empezó a abrazarme y darme besos frecuentemente y de manera espontánea. Noté también que empezó a ganar mucha seguridad en sí misma, a brillar y ser 100 % auténtica. Durante el último verano que pasamos en Estados Unidos, mi suegra después de haber compartido un mes con nosotros me dijo: "Estoy feliz de ver a Martina y darme cuenta de que ya no tiene esas explosiones de rabia con la intensidad y frecuencia de antes, cuéntame, ¿qué hiciste? ¿Qué cambió?". Con lágrimas en los ojos, la miré y le dije: "La que cambió no fue ella, la que cambió fui yo".

Así como mi relación con Martina se transformó, la relación con mi esposo también. Dejamos de tener tantas peleas bobas, sobre todo relacionadas a nuestras responsabilidades como padres. Empezamos a disfrutar muchísimo más de nuestros momentos como pareja y como padres.

Este libro también se transformó conmigo. Cuando logré retomar mi vida y volver a escribir, le envié una versión revisada a mi editora, quien me contestó diciendo: "Me encanta esta nueva versión, se siente mucho más fluida, más auténtica, más tú". Parte de lo que cambió y que incluí en el primer capítulo (el cual volví a escribir casi en su totalidad) es que logré entender que la maternidad es una oportunidad de oro para transformarnos y crecer como personas.

La maternidad nos cambia para siempre y nos presenta una oportunidad única para reinventarnos, para vivir vidas más conscientes y más ricas, para parar y disfrutar más de las cosas sencillas de la vida, para desaprender esa forma de vivir corriendo y ocupadas y aprender a estar verdaderamente presentes. Lo importante es que estemos atentas y abiertas a aprovechar esa ventana de oportunidad. Yo, particularmente, aunque tuve un pequeño impulso cuando me convertí en mamá, dejé pasar esa ventana y me perdí en el camino de las demandas de la vida. Afortunadamente volví a encontrarla y, después de varios intentos, finalmente decidí abrirla y aprovecharla.

Como lo plantea la psiquiatra Shefali Tsabary en su libro *Padres Conscientes*: "Un niño entra en tu vida con sus problemas individuales, sus dificultades, su obstinación y sus líos temperamentales para ayudarte a ser consciente de lo mucho que tienes que crecer todavía. Eso ocurre porque los hijos son capaces de conducirnos a los restos de nuestro pasado emocional y suscitar sentimientos sumamente inconscientes. Para entender qué parte de nuestro paisaje interno debemos trabajar, no hace falta ir más allá de la mirada de nuestros hijos".

Como madres buscamos incesantemente las "respues- tas" o "los 5 pasos para encontrar la solución al comporta- miento de nuestros hijos". Pero cuántas veces realmente nos sentamos a pensar: ¿Cómo puedo cambiar yo? ¿Qué puedo cambiar en mi entorno que me pueda estar impidiendo ser la mamá que quiero ser? ¿Qué puedo hacer diferente para que tanto mi hijo, como yo, crezcamos y nos transformemos juntos?

Que mejor que la maternidad como oportunidad para transformarnos y crecer. Para conocernos mejor y para cuestionar esas creencias limitantes y esos comportamientos que, aunque parezcan erráticos, cuando somos capaces de mirarlos y reflexionar sobre ellos con consciencia, nos dan información muy valiosa sobre aquello que necesitamos cambiar y que nos permitirá crecer como personas.

¿Te ha pasado que a veces reaccionas de una manera inesperada/ruda o impulsiva con tus hijos? Bueno, no es- tás sola, a mí también me ha pasado. A todas nos pasa. Lo importante en esos momentos es que seamos capaces de parar y respirar por un momento, examinar la emoción de- trás de esta situación (rabia, tristeza, frustración, ansiedad) y entender el mensaje que nos está comunicando. Si nuestra reacción es puntual y aislada, entonces a través de nuestra capacidad para parar y examinar qué está pasando, podremos reconocer aquello que necesitamos en ese momento. Por ejemplo: descansar o pedir ayuda. Si nuestra reacción es frecuente y repetitiva, entonces debemos ir un poco más allá y reflexionar sobre cómo nos sentimos, cuál fue el disparador y por qué estamos reaccionando así una y otra vez. (¿Tiene que ver con algo no resuelto de nuestra infancia? ¿Tiene que ver con alguna inseguridad nuestra? ¿Tiene que ver con un sistema de creencias aprendido? ¿Tiene que ver con algo que no está funcionando en nuestra vida?).

La maternidad es una oportunidad de ORO para mirarnos más de cerca al espejo, para conocernos a profundidad, para entender cuá- les son esas heridas del pasado que nos están impidiendo ser el tipo de mujer y madre que realmente queremos ser.

Pero para eso tenemos que estar dispuestas a parar, a respirar, a entrenar nuestra atención plena y estar abiertas a sentir y aceptar nuestras emociones, para ser capaces de entender mejor lo que hay detrás de cada interacción que tenemos con nuestros hijos y con el mundo alrededor nuestro. Poder separarnos de nuestras emociones, y verlas objetivamente, antes de actuar impulsivamente ante ellas, es sumamente beneficioso, no solo para nosotras, sino también para nuestros hijos, pues a través del ejemplo estaremos mostrándole que sus pensamientos y emociones no tienen porqué desatar una reacción inmediata: que pueden ser reconocidas, aceptadas y utilizadas para aprender más sobre nosotros mismos y sobre cómo nos enfrentarnos a los retos de nuestro día a día.

Eso sí, recuerda todo el tiempo: no somos perfectas. No eres perfecta. Trabajar en nuestras emociones y reacciones no implica que no volveremos a tener nunca un mal momento, seguramente lo vamos a tener y cuando eso pase tenemos que ser compasivas con nosotras mismas (lo importante es lograr que cada vez sean menos frecuentes y seguir trabajando en eso en nuestro día a día).

Si hay algo que empecé a aterrizar y ver más claramente a lo largo de mi proceso es que aunque mucho de lo que nos sucede está fuera de nuestro control, hay una cosa que sí lo está siempre: la manera en que nos enfrentamos a la vida y vivimos nuestro día a día. En mi caso, me propuse tomar control de esto y trabajar en estar presente sin importar los retos a los que me enfrentara. Estar presente para construir relaciones profundas desde la conexión que solo es posible lograr cuando estamos presentes de cuerpo y alma para las personas más importantes en nuestra vida. También entendí algo muy importante y es que para lograr ese nivel de presencia no había otro camino que escapar del perfeccionismo y de las expectativas externas sobre la "mujer y la mamá ideal". Porque si hoy estoy convencida de algo es que es imposible alcanzar la perfección y la presencia al mismo tiempo.

¿Mujer perfecta? ¿Profesional perfecta? ¿Esposa perfecta? ¿Mamá perfecta?...y: ¿Mamá presente?...Imposible ¿Cómo? ¿Cómo estar verdaderamente presentes para nuestros hijos con tantas exigencias sobre nuestros hombros? ¿Cómo estar verdaderamente presente para nuestros hijos en un entorno que nos exige tanto, pero no valora lo suficiente nuestra labor como cuidadoras, como guías y mentoras de las próximas generaciones?

Las madres de hoy (y me incluyo) terminamos inmersas en esa búsqueda incesante de la perfección, sin ni siquiera darnos cuenta. Buscamos alcanzar la perfección en todos nuestros roles desde el comienzo de cada día y, ¿para qué? Para terminar completamente agotadas y frustradas, sintiendo que no hacemos ninguno de nuestros roles bien. Para terminar haciendo uno o dos de esos roles a la "perfección", mientras nos olvidamos de algo: de nuestros hijos, de nues- tra pareja o peor aún: de nosotras mismas.

Por eso es clave que escapemos del perfeccionismo y entendamos que no lo hacemos por mediocridad, lo hacemos para liberar el espacio que necesitamos para estar verdaderamente presentes. Esto no se trata de dejar a un lado nuestra ambición o nuestros sueños, se trata de aterrizar nuestras prioridades y saber que para tener una vida plena y una maternidad plena no tenemos que ser perfectas, ni tener hijos perfectos, tenemos que vivir una vida más imperfecta, pero más feliz, una vida que esté acorde con nuestros valores y nuestras prioridades.

¿CÓMO SER UNA MAMÁ MÁS PRESENTE?

Muchos confundimos la tarea de la crianza de los hijos: cocinar, ayudarles con sus tareas, llevarlos y recogerlos, con el estar presentes para ellos. Aunque podamos estar presentes con respecto a sus necesidades materiales, físicas e incluso intelectuales, eso no significa que lo estemos también con respecto a sus necesidades emocionales y espirituales,

Shefali Tsabary.

Espero a lo largo de este libro haberte dejado una buena idea de aquello a lo que me refiero cuando hablo de ser una mamá presente. Ahora quiero compartirte una lista resumida de eso que puedes hacer (pero también aquello que NO tienes que hacer) para ser una mamá presente:

Empieza por ti:

El ejemplo es mucho más poderoso que el discurso: ¿Cómo puedes estar presente para tus hijos si no sabes estar presente cuando estás sin ellos? ¿Cómo puedes escuchar a tus hijos con presencia, si con dificultad puedes abrazar el silencio y escucharte a ti misma? Para ser una mamá presente, debes empezar por ti: ¿Cómo es tu nivel de presencia hoy?

Diseña una vida que te permita a ti y a tu familia estar verdaderamente presentes

Es muy difícil, sino imposible, estar presentes y disfrutar de los pequeños momentos de conexión con nuestros seres queridos cuando vivimos ocupadas, trabajando largas horas, conectadas a la tecnología y desconectadas de las personas a nuestro alrededor.

Para ser una mamá presente necesitas espacio y energía. Y esas dos cosas solo puedes tenerlas si las trabajas con intención: estableciendo prioridades, estableciendo límites y diseñando tu vida con intención. Vivimos esperando a "cuando tengamos tiempo", a que lleguen las vacaciones para conectar con nuestros hijos y compartir más tiempo con ellos. Pero es en los momentos comunes y corrientes: la hora de dormir, la hora del baño, esperando el bus, desayunando, y durante todos esos momentos cotidianos, durante los cuales podemos generar una conexión profunda y duradera en el tiempo con nuestros hijos (si y solo si tenemos el espacio mental y la capacidad de estar realmente ahí con ellos).

Para ser una mamá presente es importante que dejes de hacer diez mil cosas a la vez y aprendas a enfocarte: son mucho mejor diez minutos con 100 % de foco y energía que sesenta minutos con solo 10 % de foco y energía.

Para ser una mamá presente debes crear espacios de desconexión de la tecnología. Sí, así como lo oyes, desconexión total. Puedes empezar por treinta minutos al día, sin celular, sin computador, sin iWatch, pero lo ideal es que estos espacios se vuelvan cada vez más largos y más frecuentes. Desconectarte para conectar con tus hijos: salir a caminar, al parque, o simplemente sentarte a compartir, a leer, a reírte con ellos, a mirarlos a los ojos, a escucharlos sin afán y sin una agenda en la cabeza. No sigas esperando a las vacaciones.

Para ser una mamá presente debes atreverte a bajar de esa peligrosa "rueda de hámster". Sí, esa rueda imparable en la que parece que nos quieren subir a todos los padres de hoy: esa que, desde que nacen nuestros hijos (o incluso desde que los tenemos en el vientre), nos lleva a buscar desesperadamente en las estimulaciones tempranas, las actividades estrella, las terapias maravilla, las extracurriculares diarias y las estrategias mágicas en que tenemos que involucrarnos e involucrarlos a ellos para que puedan ir más adelante que el resto y ganar la carrera hacia el éxito "más rápido". Los niños necesitan ser niños, tener tiempo de juego no estructurado, para explorar y aprender a través de la curiosidad. Los niños necesitan ser niños y construir momentos inolvidables de presencia con sus padres, amigos y cuidadores. Está bien que querramos que nuestros hijos aprendan y sean cada vez mejores. Está bien que queramos preparar- los para que puedan navegar el futuro sin nosotros, pero no todo es estudio, notas, créditos, medallas y hoja de vida. Los humanos también aprendemos viviendo la vida, experimentando, jugando y aburriéndonos un poco. Si esto es algo que te cuesta, quizás por tu propia tendencia perfeccionista y de autoexigencia, piensa dos veces: Recuerda que tus hijos van a salir a navegar un mundo muy diferente al que tuviste que navegar tú. Muchas de las habilidades que les van a permitir a tus hijos destacarse en un futuro son aquellas a las que le llaman habilidades blandas. Grandes firmas de consultoría, como McKinsey & Company, Deloitte y Mercer, actualmen- te promueven la curiosidad, la compasión y la ecuanimidad como capacidades críticas para los líderes del futuro. Todas esas habilidades blandas (curiosidad, creatividad, compasión, ecuanimidad, resiliencia, flexibilidad, etcétera) se cultivan y fortalecen a través del entrenamiento de la mente y de tener que navegar situaciones de vida cotidianas. Por acá te dejo un video de la charla de Ted de Jullie Lythcott-Haims que me llegó al alma y me hizo reflexionar mucho sobre esto:

Trabaja en una comunicación consciente: Para ser una mamá presente debes enfocarte en fomentar una comunicación sana con tus hijos en el día a día. Creo que muchos de nosotros en medio de este mundo acelerado y saturado de información hemos olvidado lo que es la comunicación consciente. La palabra comunicación proviene del latín *communicatio, communicatiōnis*, que, a su vez, deriva del verbo latino *communicare*, que significa: Impartir, compartir, o **hacer común**.

Comunicarse es saber llegar a la mente y al corazón de las personas a través de una presencia y una conexión.

Por eso es sumamente importante que para ser una mamá presente, crees suficiente espacio en tu vida y en tu día a día para sentarte con tus hijos, mirarlos a los ojos, conectarte con ellos y tener conversaciones que con el tiempo generen una conexión sana y duradera entre ustedes.

Recuerda esto: cuando alguien nos pide un consejo, en realidad lo que nos está pidiendo es que lo escuchemos. Nuestros hijos no son la excepción. Muchas veces cuando vienen a nosotros lo único que necesitan es eso: que los escuchemos, sin juzgar, sin querer controlar o solucionar, sin querer cambiarlos.

Quiero compartir contigo algo muy valioso que aprendí de mis maestros de *mindfulness*, María Camila Urzola y Juan Manuel Younes, y que trato de aplicar en lo posible en la comunicación con mis hijas. Seis prácticas claves para una comunicación consciente:

1. Ejercita tu presencia

Intenta estar ahí. Cuando sientas que tu mente se está yendo, intenta volver a través de tu respiración). Es muy importante que para ser una mamá presente examines constantemente tu nivel de presencia cuando estás con ellos: ¿Realmente estoy aquí con ellos y no pensando en otras mil cosas al mismo tiempo? ¿Realmente les estoy diciendo con mi cara y mi cuerpo que estoy ahí con ellos?

2. Mira a los ojos:

Hazle sentir al otro que lo estás viendo y te importa.

3. No hagas gestos fuertes:

Intenta ser neutral. Los gestos comunican mucho más de lo que pensamos y en ocasiones pueden llegar a comunicar irrespeto o agresión.

4. No interrumpas.

Cada vez que interrumpimos, la otra persona siente que tiene que repetir y la conversación se alarga sin sentido. Recuerda que el silencio también comunica.

5. No tomes las cosas personal.

Las emociones de otro generalmente no tienen que ver contigo.

6. Sé curiosa:

Pregunta, pregunta, pregunta: ¿Cómo te sientes con respecto a lo que me cuentas? ¿Qué crees que puedes hacer con respecto a eso? Etcétera.

Que NO tienes que hacer para ser una mamá presente:

No tienes que renunciar a ti. Mi mamá fue una mamá muy presente, pero en el camino renunció a sus proyectos personales y sus pasiones. Un día, en medio de la depresión en que estaba sumida durante su último año de vida, me dijo: "Yo no hice nada con mi vida aparte de criarlos a ustedes". Sus palabras me impactaron profundamente. Me quedé fría y después de una pausa en la que me permití sentir su dolor, le dije que no tenía porque sentirse mal, que ante todo debía estar orgullosa porque había hecho su tarea muy bien y, sobre todo, con muchísimo amor. Igual en ese momento entendí que nada de lo que le dijera iba a llenar ese vacío que se había hecho cada día más grande en su corazón: el vacío de haberse olvidado de ella misma.

No tienes que renunciar a tu trabajo.

De hecho, no tienes que renunciar a nada que sea importante para ti, y si tu trabajo es parte de eso, no debes renunciar a él. A lo que sí debes renunciar es a que otros sean los dueños de tu tiempo y tus prioridades. Puedes trabajar, puedes hacer lo que te apasiona, pero tienes que poner límites para poder ser dueña de tu tiempo y ser la mamá presente que quieres ser. Si tu trabajo no te permite ser una mamá presente, hay un mar de posibilidades allá afuera. Ve y búscalas. Hoy en día hay organizaciones que valoran la vida personal de sus trabajadores, servicios especializados en búsqueda de trabajo remoto/ flexible, inclusive especializados en mujeres y madres. Busca y no te conformes.

No tienes que estar ahí 24/7.

No se trata de eso, pero tampoco de creerte la historia de que la cantidad de tiempo no importa. Sí, es cierto que la calidad es más importante que la cantidad, pero que eso no se convierta en una excusa para que el tiempo que pasas con ellos sea muy poco.

No tienes que ser la que lo hace todo.

Recuerda que es importante delegar, trabajar en equipo con tu pareja y construir una comunidad de soporte.

No tienes que ser una "mamá helicóptero".

Ojo con esto: es importante no confundir presencia con sobreprotección. Cuando nos convertimos en madres sobreprotectoras, y estamos todo el tiempo manejando la vida de nuestros hijos, le hacemos más daño a nuestros hijos de lo que pensamos. Como lo expone Julie Lythcott-Haims, autora del libro *How to Raise an Adult: Break Free of the Overparenting Trap and Pre- pare Your Kid for Success*, hay estudios recientes que muestran una correlación entre un estilo de maternidad/paterni- dad intensiva (controladora) con problemas de salud mental en los hijos. Cuando hacemos demasiado por ellos (cosas

que ellos podrían hacer por sí mismos) estamos impidiendo que desarrollen su capacidad de asumir responsabilidades. Esto conduce a mayores tasas de ansiedad por separación en los niños. Ahora, quiero dejarte esta tabla que creé y que condensa lo que significa ser una mamá presente, no perfecta:

DE MAMÁ PERFECTA	A MAMÁ PRESENTE
De vivir en piloto automático	A vivir una vida y una maternidad con **propósito**
De querer ser perfecta y alcanzar expectativas externas	A ser **auténtica**, vivir y ser mamá de acuerdo con lo que es importante para ti
De que la relación con tus hijos se base en poder y control	A que la relación con tus hijos se base en **conexión y cooperación**
De vivir ocupada y agotada	A vivir con **intención** y tiempo para estar presente para tus hijos
De vivir en *multitasking* y sobrecargada	A vivir **enfocada** y **pedir ayuda** cuando sea necesario
De vivir estirada en mil direcciones y dejando que los demás definan tus prioridades y controlen tu tiempo	A establecer tus **prioridades** y poner **límites** para encontrar **tiempo para ti y para estar con tus hijos**
De vivir desbordada de pensamientos y preocupándote incesantemente	A aprender a estar en **silencio**, **respirar y fluir** con lo que no puedes controlar
De vivir conectada a la tecnología todo el tiempo	A aprender a **desconectarte** para conectar con tus hijos

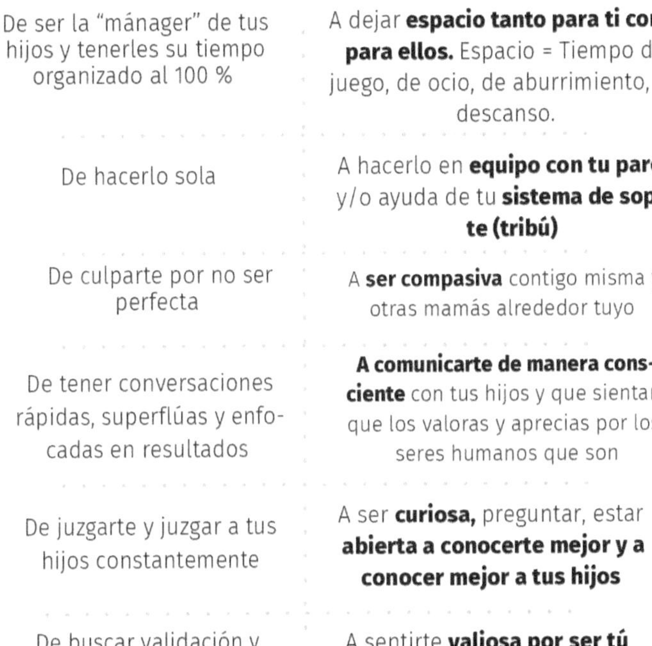

De ser la "mánager" de tus hijos y tenerles su tiempo organizado al 100 %	A dejar **espacio tanto para ti como para ellos.** Espacio = Tiempo de juego, de ocio, de aburrimiento, de descanso.
De hacerlo sola	A hacerlo en **equipo con tu pareja** y/o ayuda de tu **sistema de soporte (tribú)**
De culparte por no ser perfecta	A **ser compasiva** contigo misma y otras mamás alrededor tuyo
De tener conversaciones rápidas, superflúas y enfocadas en resultados	**A comunicarte de manera consciente** con tus hijos y que sientan que los valoras y aprecias por los seres humanos que son
De juzgarte y juzgar a tus hijos constantemente	A ser **curiosa,** preguntar, estar **abierta a conocerte mejor y a conocer mejor a tus hijos**
De buscar validación y valor en lo que haces	A sentirte **valiosa por ser tú** y por **ser MAMÁ**

También te dejo al final de este libro una sección completa de recursos recomendados, incluyendo libros, pódcasts y otros, que puedes consultar si quieres profundizar en este camino de ser una mamá presente, no perfecta.

ENTRENANDO NUESTRA MENTE PARA ESTAR MÁS PRESENTES

En el momento en que empezó la pandemia y empecé a sentirme cansada e irritable, decidí unirme a las meditaciones diarias de Jay Shetty en Instagram y fue una experiencia maravillosa. Esa fue la primera vez que pude sentir los beneficios de esta práctica y decidí que quería intentar hacerla parte de mi rutina diaria. Nunca había meditado antes, era frustrante porque sentía que no lo lograba, bajé cuanta aplicación existía, pero siempre pensaba en todo menos en lo que me decían que tenía que hacer. "Respira y tranquiliza tu mente", pero mi mente solo podía seguir sin parar: "tengo que conectar a mi hija al colegio, se me olvidó subir la tarea a la plataforma, Antonia ya se va a despertar, tengo que mandarle esto a mi cliente". Entonces mi tendencia a la perfección me saboteó, y me llevó a dejarlo de hacer, pues si no podía hacerlo perfecto entonces para qué intentaba.

Cuando enfrenté la muerte de mi papá, recordé todos los beneficios que la meditación me había ofrecido durante los primeros meses de la pandemia y decidí retomar mi práctica, pero esta vez estaba abierta a hacerlo de manera imperfecta. Entendí que como cualquier hábito, establecerlo al principio es difícil, pero con pequeños pasos y constancia se puede lograr.

Algo que me funcionó muy bien fue crear un espacio en mi casa para que hacerlo se convirtiera en un acto casi automático y fuera lo primero que iba a hacer al despertar y antes de que se despertaran mis hijas: una esquina en mi cuarto, un cojín de meditación, unas cartas de *mindfulness* y, por supuesto, unos buenos audífonos, ya que la mayoría de veces estaría meditando en compañía, con alguna de mis dos hijas (o las dos), que en ese entonces, y debido a la ansiedad que les generó la pandemia y la muerte de su abuelo, aún se pasaban de noche a mi cama. Te cuento esto porque sé muy bien cómo es nuestra realidad como mamás. No estamos en un templo en la India y la idea de irnos a un retiro en silencio absoluto durante un mes suena tentador, pero con niños pequeños puede parecerse más a utopía que a realidad. Pero esto no debe convertirse en una excusa para no intentarlo. Son precisamente esas realidades, esos momentos en que no podemos meditar porque nuestros hijos se despertaron,

porque pasaron mala noche o porque están enfermos, en donde la meditación y el *mindfulness* nos servirán para poder respirar y decir: "Acepto que ahora no puedo hacerlo, pero volveré a intentarlo, ahora, más tarde o mañana". Tan solo de siete a diez minutos con la guía de una buena aplicación empezaron a hacer una diferencia en mi vida y sé que podrían hacer la diferencia en la tuya.

Aunque la meditación diaria fue clave en mi proceso, la transformación más profunda en mi vida ocurrió cuando empecé a entrenar mi mente de una manera constante y utilizando las herramientas que brinda la práctica de la atención plena o *mindfulness* (que aunque utiliza la meditación como práctica central, es más amplia, pues nos brinda herramientas prácticas para aplicar durante todo nuestro día, no solo mientras estamos meditando).

Nuestra mente es un músculo más. Así como entrenamos otros músculos de nuestro cuerpo, tenemos que entrenar este que es el músculo central de nuestra experiencia como seres humanos. Cuando empezamos a entrenar nuestra mente y nuestra atención, naturalmente y sin esfuerzo, empezamos a ser capaces de vivir de forma más consciente y plena.

Lo primero y más importante es que seamos capaces de poner el freno de mano y así podamos liberarnos de nuestra adicción a vivir ocupadas. Que seamos capaces de parar y crear espacios en donde nuestra mente pueda estar tranquila y podamos observar con objetividad nuestros pensamientos.

Aquí te dejo algunas cosas que puedes hacer para entrenar tu mente y ese músculo de la atención en tu vida diaria:

- Ir más despacio (sí, a pesar de que el mundo te diga lo contrario).

- Hablar menos y escuchar más.

- Hacer una cosa a la vez: reducir la multitarea.

- Enfocarte en tu respiración mientras haces cualquier actividad.

- Relajarte y entrenar tu presencia cuando interactúas con otras personas (especialmente con tus hijos).

- Utilizar ciertas tareas rutinarias, como ir al baño, tomar agua, tomar un té, para desacelerar y regresar a tu centro.

- Hacer caminatas conscientes (salir a caminar un rato y ojalá tener contacto con la naturaleza, sin celular, enfocándote en tu respiración, en tus pasos, en las cosas que ves, hueles y sientes).

- Simplificar tu vida.

- Meditar y hacer ejercicios de *mindfulness*. Si sientes que te cuesta mucho enfocarte, intenta hacer meditaciones diseñadas para aumentar la capacidad de foco y concentración.

Por acá te dejo una que me encanta (Entrenando tu conciencia).

Meditación Entrenando tu Conciencia

Relájate, con los ojos abiertos o cerrados. Acomódate y asiéntate en el aquí y el ahora, en tu cuerpo respirando en paz. Observa las sensaciones de tu respiración yendo y viniendo. Nota el espacio que existe entre el simple acto de observar y aquello que estás observando.

Observa el flujo de los pensamientos sin dejarte arrastrar por ellos; no te aferres a los pensamientos positivos ni tampoco luches contra los negativos. Ten pensamientos, pero no te confundas con ellos: no te identifiques con los contenidos de tu conciencia. Mira la película sin meterte en la pantalla.

Permite que las experiencias vayan y vengan sin intentar influir en ellas. Pueden surgir gustos y disgustos con respecto a ciertos pensamientos. Acepta estos gustos y disgustos como otro pensamiento más. Nota que todos los pensamientos tienen la misma naturaleza: vienen y van.

Acomódate en el momento presente. Suelta el pasado y deja ir el futuro. Recibe cada momento sin intentar conectar un momento con el siguiente. Abraza el presente, sin recordar, sin planear. No hay afán, no hay forcejeo, no hay búsqueda de nada. No tienes nada que tener, nada que hacer, nada que ser.

Observa el espacio entre tú y tus pensamientos, una forma palpable de discernir entre tu consciencia y sus contenidos. Por ejemplo, piensa deliberadamente en un pensamiento específico, como "estoy respirando" y observa lo que está presente inmediatamente antes y después del pensamiento. Observa que hay una especie de espacio entre una y otra.

Observa las cualidades del espacio que existe en tu conciencia: no tiene límites, es calmada y silenciosa, está vacía hasta que aparece algo, y es lo suficientemente vasta como para contener cualquier cosa. Tu conciencia está presente y puedes confiar en que no se dejará alterar por los pensamientos que pasan a través de ella como estrellas fugaces. Sigue regresando a simplemente ser, a vivir el presente, abriéndote al infinito, sin límites.

Explora con calma las cualidades de la conciencia; quédate con esta experiencia sobre lo que es la conciencia en vez de querer definirla: ¿Hay algún tipo de luminosidad en todo esto? ¿Encuentras en tu conciencia una compasión sutil? ¿Puedes notar que los pensamientos son modificaciones de la conciencia en su estado más puro?

En mi página web (www.anagiraldo.co) o a través de este código QR puedes acceder a la meditación guiada por mi:

CINCO VIRTUDES QUE PODEMOS CULTIVAR CON LA PRÁCTICA DE MINDFULNESS

La práctica de *mindfulness* nos ayuda a fortalecer cinco virtudes que nos pueden permitir a ser madres más plenas y más presentes: **Ecuanimidad, Aceptación, Curiosidad, Apertura y Compasión**. El fortalecimiento de estas virtudes nos ayuda a desarrollar algo que puede actuar como un súper poder que nos acompañará en nuestra aventura de ser madres: el de abrazar la incertidumbre y fluir con aquello que no podemos controlar.

Ecuanimidad: La palabra ecuanimidad proviene del latín *aequanimitas*, que significa "imparcialidad, neutralidad". Cuando cultivamos la ecuanimidad a través del entrenamiento de nuestra mente, logramos crear un espacio entre aquello que nos sucede y nuestras reacciones. Esto no quiere decir que nos convirtamos en personas apáticas e indiferentes. La ecuanimidad no quiere decir que ya no tendremos reacción alguna, lo que implica es que esa reacción no va a ser apresurada, automática o ciega. ¿Te imaginas lo que esto nos ayuda en la maternidad? Ante una pataleta, un acto rebelde de un hijo adolescente. ¿Cuántas explosiones de ira evitaríamos con nuestros hijos? ¿Cuántas frases dejarían de salir de nuestra boca, de esas explosivas e hirientes que quisiéramos nunca haberle dicho a nuestros hijos?

Aceptación: A través de la práctica de *mindfulness* aumentamos nuestra tolerancia a aceptar. Aceptarnos y amarnos como somos (con fortalezas y debilidades) porque solo así logramos ser auténticas, vulnerables y vivir una vida más plena, como mujeres y como mamás. Aceptar a nuestros hijos, por lo que son y no por lo que queramos que sean. Aceptar las emociones incómodas (que muchas veces surgen al no aceptar las cosas como son) para no terminar dándoles vueltas obsesivamente, agrandándolas y viviendo ansiosas e inseguras. Aceptar las situaciones que llegan, la imperfección y el fracaso como algo natural porque cuando no lo hacemos evadimos los retos que nos permiten aprender y crecer. Todo esto es un antídoto al perfeccionismo y la lucha por cumplir con expectativas externas que no son nuestras (ni de nuestros hijos).

Curiosidad: Cuando entrenamos nuestra atención plena para estar más presentes, empezamos a recuperar algo que viene con nosotros desde que nacemos, pero que vamos perdiendo a medida que crecemos: la curiosidad. Cuando entrenamos nuestra atención plena, empezamos a hablar menos y escuchar más, a preguntar y aprender mucho más de los demás y de las situaciones a las que nos enfrentamos. Esto puede ser muy valioso para nosotras las madres, de dos maneras: la primera es qué la curiosidad nos lleva a conocer mucho mejor a nuestros hijos: ¿Quién es mi hijo en realidad? ¿Cuáles son sus gustos, sus debilidades, sus fortalezas?

La segunda es que la curiosidad puede reemplazar a la crítica durante momentos difíciles. Cuando alguno de nuestros hijos empiece a tener comportamientos retadores, podremos cambiar el "Mi hijo es un _______ (desobediente, rebelde, malcriado, etcétera)", por: ¿Por qué está actuando así? ¿Está cansado/a? ¿Se siente incomprendido? ¿Hay algo/alguien en su entorno que lo está afectando?

La curiosidad nos permite acompañar a nuestros hijos a brillar desde su esencia, a tener conversaciones mucho más ricas y profundas con ellos y a acompañarlos a navegar las situaciones o emociones difíciles.

Apertura: La práctica del *mindfulness* nos enseña a ser mucho más abiertos: a otras personalidades, a otras formas de hacer las cosas, a otras formas de vivir, a otras formas de crianza. Cuando somos personas y mamás más abiertas, nos es mucho más fácil escapar de la pecera de la que te hablé en el primer capítulo y ser mujeres y mamás más auténticas. Esto a su vez nos permite dejar a nuestros hijos ser auténticos y vivir vidas más alienadas con su verdadera esencia.

Compasión: La práctica de la atención plena, o *mindfulness*, hace un énfasis importante en entrenar nuestro "músculo de la compasión". Esto es algo supremamente valioso para las que somos madres, ya que en momentos retadores de la maternidad (que ocurren casi a diario) podremos ser capaces de cambiar esos juicios y sentimientos de culpa que tanto daño nos hacen, y reemplazarlos por compasión, no solo hacia nosotras mismas, sino también hacia otras mamás alrededor nuestro. Uno de los retos más grandes de la maternidad, al ser tan impredecible y poco controlable, es que suele despertar todas nuestras voces críticas internas y convertirlas en monstruos gigantes que nos persiguen a diario. "¿Lo estaré haciendo bien?", "Uf, esa mamá parece tenerlo todo bajo control, yo soy un desastre", "Mi hijo es un desobediente, es mi culpa, yo no puedo controlarlo", "Soy la peor mamá". ¿Te suenan conocidas? El problema con esas voces críticas es que con el tiempo se van convirtiendo en realidades: cosas que empiezas a creer de ti misma "Sí, definitivamente soy una mala mamá" o "No puedo manejar a mi hijo".

Probablemente hayas escuchado antes que el antídoto a esas voces críticas es la confianza en ti misma. Algo así como convencerte a punta de espaldarazos de que tú eres la mejor mamá del mundo sin importar lo que pase, pero siento decirte que esto no funciona. El verdadero antídoto a todas esas voces que nos terminan generando inseguridad, y no nos permiten disfrutar de nuestra experiencia como madres, es la autocompasión. La autocompasión se asocia a la resiliencia emocional: la habilidad para calmarnos, reconocer nuestros errores, aprender de ellos. La autocompasión se relaciona también con el bienestar emocional (optimismo, plenitud) y con menores niveles de estrés, depresión y ansiedad. La autocompasión nos enseña a tratarnos a nosotras mismas de la misma manera en la que trataríamos a nuestra mejor amiga cuando esta pasa por momentos difíciles o comete un error. La autocompasión nos permite reconocer que somos suficientes, que somos humanas e imperfectas, que estamos creciendo, que tenemos derecho a equivocarnos, pero eso sí, siendo honestas con nosotras mismas para así poder aprender y mejorar continuamente.

> *El sentido de autoestima que proviene de ser amable con nosotros mismos es mucho más estable a lo largo del tiempo que la autoestima que proviene de una abundancia aparentemente ilimitada de confianza,* **Rich Karlgaard.**

La compasión, para mí, es la herramienta más valiosa con la que podemos contar como madres. Y lo mejor: no tienes que esperar a practicar *mindfulness* a profundidad para fomentarla en tu vida. Aquí te dejó unas prácticas que puedes hacer ya sea en tu día a día, o en momentos puntuales cuando sientas que llegan esas voces críticas, o te sientas insuficiente como mamá:

- Respira profundo y trae a tu mente a alguien que te ame incondicionalmente. Abraza esa sensación de tener a esa persona cerca, pues esto activa el sistema de apego almacenado en tu cerebro y te ayuda a ser más compasiva.

- Respira una vez más profundamente y trae a tu mente a alguien a quien tu ames incondicionalmente. Esto activa la corteza insular y prefrontal de tu cerebro, permitiendo que seas mucho más propensa a la autocompasión.

- Ahora respira y extiende esta compasión a ti misma. Reconoce tu propio sufrimiento y sé amable contigo. Siente cómo esta compasión te envuelve y te hace sentir amada y protegida. Puedes poner una mano en tu corazón o darte un abrazo con el mismo cariño con el que se lo darías a tu hijo y decirte frases como: "Esto ya pasará", "Soy humana e imperfecta", "A veces no logro lo que quiero, pero el amor que le doy a mis hijos es suficiente". Permite que esa sensación de estar recibiendo compasión de ti misma, te invada y te reconforte.

Estos pasos que te compartí arriba son la base de la meditación de bondad amorosa y las cuales utilicé para desarrollar la meditación de bondad amorosa para mamás que te compartí en el capítulo anterior y que puedes hacer regularmente si sientes que necesitas fortalecer tu músculo de la compasión.

> *El regalo más precioso que podemos ofrecer a los demás es nuestra presencia. Cuando nuestra atención plena abraza a los que amamos, ellos florecen,* **Tich Nah tan.**

¿Por qué vale la pena ser una mamá presente?

Ser mamás presentes nos permite conectarnos de manera más profunda no solo con nosotras mismas, sino con nuestros hijos, permitiéndonos crear y disfrutar momentos de mucha profundidad, que son los que los acompañarán a ellos para toda la vida.

Molly es una niña, de tan solo siete años, que con mucha gracia y ternura en su charla de Ted habla sobre la importancia de la conexión y la presencia de los padres, sobre todo en los primeros cinco años de la vida de un niño. Ella menciona cómo a través de conexión, conversación y juego, los niños desarrollan habilidades claves para su salud emocional y mental, que los acompañarán el resto de su vida.

Molly comparte una escena en donde un bebé está jugando con su papá y de un momento a otro para de jugar con él porque se distrae con su dispositivo móvil. Esto le causa confusión y estrés al bebé, quien siente que perdió la conexión con su papá. Molly termina su increíble e inspiradora charla de siete minutos con esta frase:

"Cada momento con tus hijos es una oportunidad para hablar, jugar y conectarte con ellos. ¿Te imaginas si todos los padres del mundo tuvieran este tipo de conexión con sus hijos? Esto no es un juego, se trata de nuestro futuro", Molly Wright (siete años).

Los beneficios de la presencia

La presencia trae innumerables beneficios, no solo para nuestra vida como mujeres, sino para nuestros hijos.

Ser una mamá más presente y menos perfecta te va a permitir a ti como mujer:

- Vivir una vida que esté mucho más alineada con lo que es más importante para ti y tu familia (vs lo que espera el mundo exterior o los demás).

- Ser menos vulnerable a la crítica de los demás con respecto a tu vida y la forma en que ejerces tu maternidad.

- Tomar decisiones de forma más fluida y sin sentir tanta culpa.

- Dejar de vivir "ocupada", aprender a pausar, pedir ayuda y descansar cuando sientes que lo necesitas.

- Enfocarte y dejar de perder tanto tiempo, pues empiezas a ver que esto es clave para abrir espacio para esos momentos profundos de conexión con ellos. La distracción, sobre todo la que vivimos hoy a raíz de estar conectados constantemente a la tecnología, es uno de los mayores enemigos de la presencia con nuestros hijos.

Ahora, hablemos de los grandes beneficios que tiene tu presencia en tus hijos y en general para tu familia:

- Estar presentes nos permite conocernos mejor y conocer mejor a nuestros hijos, y de esta manera construir relaciones más profundas, donde cada uno (mamá e hijo) brilla desde

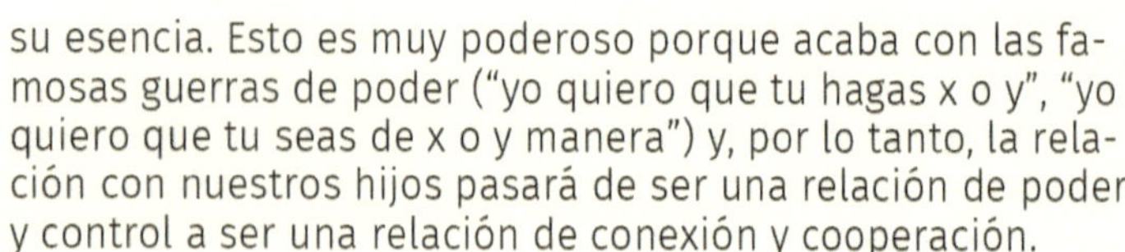

su esencia. Esto es muy poderoso porque acaba con las famosas guerras de poder ("yo quiero que tu hagas x o y", "yo quiero que tu seas de x o y manera") y, por lo tanto, la relación con nuestros hijos pasará de ser una relación de poder y control a ser una relación de conexión y cooperación.

- La presencia nos ayuda a generar una mayor conexión con los demás: eso se empezará a reflejar en tu relación con tus hijos y con tu pareja (profundidad vs cantidad de tiempo).

- La presencia con nuestros hijos les permite sentirse vistos, amados y aceptados por lo que son (no por sus notas, ni sus logros, ni sus actitudes perfectas...sino por lo que son). Esto les ayuda a desarrollar una confianza en sí mismos que pueden llevar con ellos hacia la vida adulta.

- La presencia de los padres ayuda a los hijos a fortalecer la resiliencia. Los datos de investigaciones son contundentes: ciertas habilidades blandas como el autoconocimiento y la resiliencia emocional se desarrollan en los niños a través de sus relaciones con otros, sobre todo con sus cuidadores pr incipale s .

- Nuestros hijos aprenden a través del ejemplo, así que al vernos y sentirnos presentes y conectados con las personas a nuestro alrededor, ellos también empezarán a hacer lo mismo.

- Empezarás a ser mucho más tolerante con la imperfección y esto también te permitirá aceptar mucho más fácil la imperfección en tu maternidad y la imperfección de tus hijos.

- Empezarás a aceptar y acoger a tus hijos como son, no como tú quieres que sean o como la sociedad te ha dicho que deben ser, y escapar de las expectativas de perfección y de expectativas de género (como mi historia con Martina: el estar más presente me ha permitido conectar mucho mejor con su esencia y dejar que que florezca SIN tener que cam- biar para hacerme feliz a mí).

Al convertirte en una mamá más presente estarás ayudando a desarrollar en tus hijos algo a lo que el doctor Daniel Siegel le llama apego seguro. Estudio tras estudio han demostrado que el *apego seguro* logra desarrollar en los niños:

- Una autoestima sólida

- Mayor habilidad para regular las emociones y manejar el estrés

- Mejor rendimiento académico

- Mejores relaciones con sus pares en la etapa preescolar

- Relaciones más sólidas durante su adolescencia

- Relaciones más sólidas y felices con sus padres

- Habilidades de liderazgo

- Mayor sentido de responsabilidad y autogestión

- Relaciones de pareja más sanas y menos hostiles cuando sean adultos

- Más empatía

- Mayor habilidad para relacionarse con otros

- Mayor confianza en la vida en general

¿Te imaginas lo que todo esto ayudaría a reducir el fenómeno del *bullying*?

No quiero que te vayas con la idea de que tus hijos podrán ser perfectos y su futuro estará 100 % garantizado si eres una mamá presente. No podemos caer en la trampa de trasladar la perfección de nuestra vida a la de ellos. Cuando se trata de nuestros hijos y su futuro, existen muchos factores que entran en juego: la genética, el entorno en el que se desenvuelven (vecindario, colegio, universidad, etcétera), las experiencias que viven, entre otras. Con nuestros hijos no podemos esperar y ver resultados medibles o concretos. Esto solo nos traerá decepciones porque hay muchos factores que no podemos controlar.

Lo importante es que como mamás tengamos la intención de aprender, crecer y querer convertirnos en nuestra mejor versión porque esto nos llevará a ser mejores madres. Esto se trata de confiar en que al ser madres más conscientes y más presentes, estamos abonando un camino, estamos aportando al desarrollo emocional de nuestros hijos a largo plazo (aunque en el momento sea difícil verlo y medirlo) y que aunque eso no te va a garantizar que se conviertan en adultos perfectos al menos sí puedes sentirte tranquila de saber que les estás dando las bases para navegar la vida, para ser resilientes y enfrentar las dificultades, así como para que puedan aprovechar las oportunidades que la vida les presente más adelante.

Como dice mi gran gurú de la paternidad consciente, Shefali Tsabary:

> *Aunque creas que el reto más grande está en educar bien a tus hijos, debes ocuparte de una tarea aún más esencial. Esta tarea consiste en transformarte y convertirte en el individuo más presente y consciente posible. Los niños no necesitan nuestras ideas y expectativas, ni estar bajo nuestro dominio o control constante; lo que necesitan es que nos conectemos con ellos a través de una verdadera presencia.*

A mi papá ya no lo tengo físicamente conmigo, pero a mis hijas sí, y las veo crecer muy rápido, así que no pienso desperdiciar un segundo del tiempo que tengo con ellas. No pienso seguir viviendo estirada en mil direcciones, mirando el celular sin parar, preocupada por tachar mi lista de pendientes. No pienso vivir más cargada de tareas en las que no agrego ningún valor, no pienso seguir haciendo cosas porque es lo que "normalmente" hace una esposa, una mujer o una mamá. No pienso seguir viviendo en automático y trabajando sin propósito. Quiero que cada hora y cada día de mi vida cuenten durante esta linda e increíble aventura que decidí escoger a consciencia: la maravillosa aventura de ser mamá.

Recuerda que tú tampoco mereces vivir así, agotada y frustrada, esperando que termine el día para que se duerman rápido y poder ir a descansar. Hay un camino distinto: el de una mamá imperfecta, pero **presente y feliz**.

Intenta cuidarte cada día. Para, respira, dáte un abrazo compasivo, recuerda que no necesitas vivir probando tu valor al mundo, tu valor está en ser quien eres, en ser una mujer y una mamá humana e imperfecta.

Durante esos momentos de cansancio y frustración, para, respira, relaja tu cuerpo y recuerda que no tienes que ser perfecta y que no todo depende de ti. Aterriza las expectativas y fluye con la imperfección.

Cuando las cosas se pongan muy difíciles, trata de cambiar la perspectiva. Trae a tu mente tu propósito, tu intención cómo mujer y mamá, y entonces eso que estás viviendo podrás verlo como un pequeño bache en tu camino.

Suelta la idea de que la maternidad es una carga pesada y empieza a abrazarla como un regalo de la vida para crecer y ayudar a tus hijos a crecer.

Recuerda y reclama tu valor en este mundo, porque ser mamá es uno de los trabajos más lindos y significativos de esta vida.

EJERCICIOS DE REFLEXIÓN:

Toma un par de respiraciones profundas y desde tu corazón escribe y reflexiona alrededor delassiguientes preguntas:

1. ¿Cuáles son esos momentos/circunstancias en los que más te cuesta estar presente con tus hijos? ¿Por qué? ¿Cuáles son los obstáculos en el camino?

2. ¿Cuáles son esas actividades o rutinas o momentos que te permiten conectar profundamente con tus hijos desde la presencia?

Piensa en esos momentos y escribe: ¿Cómo se siente?

¿Cómo puedes propiciar más de estos momentos con tu hijo?

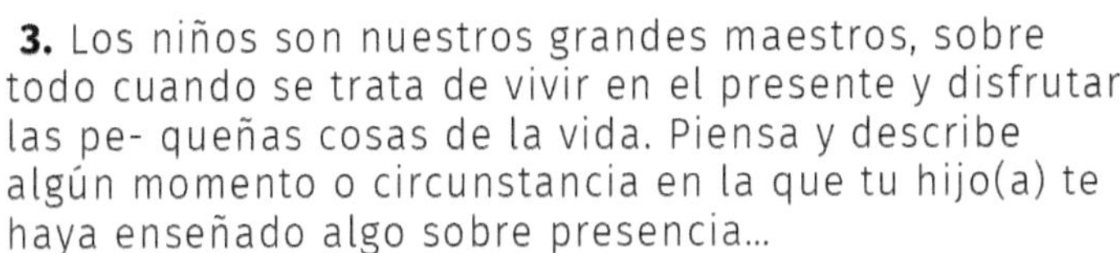

3. Los niños son nuestros grandes maestros, sobre todo cuando se trata de vivir en el presente y disfrutar las pe- queñas cosas de la vida. Piensa y describe algún momento o circunstancia en la que tu hijo(a) te haya enseñado algo sobre presencia...

CAPÍTULO 7

SER UNA MAMÁ PRESENTE LEJOS DE TU PAÍS DE ORÍGEN

La vida es tan cambiante, interesante e inesperada.
Hace casi tres años, estaba preparando todo para
lanzar este libro que tienes en tus manos, mientras mi
casa era un caos de cajas y muebles esperando el
contenedor que las traería a Estados Unidos para
nuestro nuevo comienzo como familia.

Tenía una mezcla intensa de emociones. Por un lado,
me sentía alegre y llena de esperanza por esta nueva
aventura. Por otro, sentía miedo. Estaba a punto de
lanzar mi libro y tenía que empezar a promoverlo desde
un lugar nuevo, donde no conocía a nadie, mientras
cuidaba mi prioridad más importante: seguir siendo
una mamá presente en medio de una transición que,
seguramente traería alegrías, pero también muchos
retos.

Ese primer año fue, quizás, uno de los momentos más
retadores que he vivido como mujer y como mamá.
Recuerdo perfectamente esos días en los que regresaba
de dejar a mis hijas en el colegio y entraba a una casa
espaciosa, iluminada, pero silenciosa. Me sentía
abrumada y profundamente sola. Intentaba salir; iba al
parque con mis hijas buscando conocer otras familias,
crear nuevas amistades para ellas y para mí. Pero
muchas veces me encontraba con un parque medio
vacío.

No olvido haber llamado a mi esposo para decirle:

—Vinimos al parque, pero no hay nadie.

Él, con el optimismo que lo caracteriza, me respondía:

—Tranquila, es verano, hace mucho calor afuera.

El verano pasó, pero el parque seguía medio vacío.
Y yo también.

Cada día me sentía más sola, más abrumada, sin saber muy bien cómo navegar ese reto de ser una mamá presente, pero sobre todo, una mujer plena, en un lugar donde no tenía sistema de soporte, no tenía amigas y mi esposo, aunque siempre con la mejor disposición de ser mi coequipero, enfrentaba un trabajo nuevo que consumía gran parte de su tiempo.

Durante ese año llegué a cuestionar incluso mi propia hipótesis:

¿Es realmente posible ser una mamá presente (no perfecta) bajo estas condiciones?

Empecé a pensar que quizás eso era un privilegio reservado para madres que vivían en su país de origen o en contextos donde podían acudir a una red de apoyo o pagar precios razonables por ciertos servicios de soporte.

Quizás —pensaba— me había estado vendiendo a mí misma, y a ustedes, una utopía.

Por mi cabeza pasó la idea de cancelar la distribución de este libro. Quizá eso sería más honesto que sostener algo que, en ese momento, sentía que no estaba logrando vivir.
Se sentía como un fracaso: como coach, como mamá, como mujer.

Hoy, mirando hacia atrás, logro entender algo: aquello que quería enseñar y aquello que ya has leído en estas páginas no era una mentira. Simplemente era una versión incompleta de la verdad.

Hay una fórmula que aprendí durante mis entrenamientos como profesora de mindfulness, y a la que hoy, mirando hacia atrás, le puedo encontrar más sentido que nunca:

Sufrimiento = Dolor x Resistencia

El dolor siempre va a estar...

Una pérdida.
Una dificultad económica.
Una enfermedad.
Un reto con nuestros hijos.
Un cambio de país.

La vida es eso: un camino lleno de momentos impredecibles y a veces muy retadores que nos invitan a elegir:

Aceptar, aprender y crecer...o resistir y sufrir.

Resistir y sufrir hasta perder algo: una pareja, una relación, un trabajo...o, más importante aún, la oportunidad de vivir plenamente.

Y si soy completamente honesta, durante ese primer año en mi nueva vida, yo estaba resistiendo absolutamente todo. Desde lo pequeño, como no poder comer en mis lugares favoritos "de siempre", hasta lo más profundo, como ver a mi hija mayor atravesar retos complejos en su nuevo colegio.

Resistía el cambio.
Resistía la realidad.
Resistía incluso mis propias emociones.

Y al hacerlo...multiplicaba mi sufrimiento. Lo más difícil de aceptar es que, en los momentos en que más necesitaba mis herramientas de mindfulness, fue cuando más me alejé de ellas.

En lugar de aceptar, sin dejar de validar lo que sentía, elegí resistir. **Una y otra vez.**
Y ahí apareció la ironía más grande: mientras intentaba enseñar a otras madres estas herramientas, yo dejaba de aplicarlas en mi propia vida. Poco a poco, sin darme cuenta, entré en ese lugar en el que todas caemos alguna vez: **el piloto automático.**

Dejé mis prácticas, dejé el ejercicio y me enfoqué en cumplir expectativas que ni siquiera eran mías. Eran expectativas aprendidas, muchas de ellas, de mi cultura. Una casa perfecta, ordenada y siempre limpia. Una casa en donde pareciera que no vivieran niños…o, peor aún, donde no viviera ningún ser humano.

Y fue justamente en medio de ese caos interno, de esa desconexión conmigo misma, que empezaron a aparecer los aprendizajes más importantes de este proceso que durante este capítulo quiero compartir contigo. El primero de ellos:

Cuestiona tus expectativas…y ábrete a nuevas posibilidades.

Puede que esto te suene familiar. Ya lo he mencionado antes. Pero si hay algo que me han enseñado estos últimos años como mamá, lejos de mi país de origen, es esto:

Se necesita verdadero coraje para cuestionar expectativas. Sobre todo cuando alrededor tuyo muchos ya las han adoptado y normalizado.

Los seres humanos somos seres sociales. Queremos pertenecer, queremos seguir siendo parte de aquello que nos formó. Y cuando empezamos a cuestionar ciertas formas de hacer las cosas, puede sentirse como una traición…

A nuestras raíces.
A nuestra familia.
A nuestros círculos más cercanos.

Pero existe una oportunidad de oro cuando nos vamos a vivir lejos de nuestro país de origen: la posibilidad de mirar todo con ojos nuevos. De diseñar nuestra vida familiar como si fuera una hoja en blanco. De elegir qué queremos conservar de lo que ya conocemos y qué queremos integrar de lo nuevo, sin tener que aferrarnos a una fórmula "ya conocida".

Para explicarte mejor a que me refiero, quiero compartirte dos historias...

Era la fiesta de cumpleaños del mejor amigo de mi hija menor. Su familia es rusa.

Cuando llegamos, había alrededor de 15 familias rusas, una familia de la India y nosotros.
La fiesta era en un lugar de juegos, lleno de maquinitas. Ese día decidí observar, priorizando esas cualidades que continuo fortaleciendo y enseñando a través de la práctica de mindfulness: amabilidad y curiosidad. Y lo que vi me sorprendió.

Las mamás no estaban sentadas en una esquina. No estaban mirando el celular. No estaban organizando nada.

Estaban jugando.

Montadas en las motos.
Lanzando pelotas.
Riéndose a carcajadas. Disfrutando.

Esa escena que yo estaba viendo era muy distinta a lo que yo conocía. En mi país, lo más común en una fiesta infantil es otra cosa: las mamás sentadas, conversando entre ellas mientras los niños juegan, y la mamá de la fiesta, bueno, esa sí, poco logra sentarse o participar de la fiesta.

Y entonces recordé a mi mamá.

Siempre impecable.
Siempre elegante.
El pelo perfecto, las uñas rojas, los tacones altos.

Siempre encargada de que todo saliera perfecto, pero pocas veces haciendo parte de la diversión. Y tal vez (esto nunca lo sabré) no porque no quisiera, sino porque así era como "debía ser". Y ahí lo entendí. No es que una forma sea mejor que la otra. **Es que no solemos darnos el permiso de elegir.**

Y mientras seguía observando, en silencio pensé: yo quiero ser más como esa mamá que se sube a la moto, que se ríe y juega.

Y es que las expectativas no solo viven en cómo nos comportamos. También viven en cómo nos vemos o en cómo se ve nuestra casa.

Y muchas veces esas expectativas simplemente son imposibles de alcanzar cuando no tenemos suficientes recursos disponibles.

Y eso me lleva a la siguiente historia…

Un día, hace tan solo un par de meses, fui a recoger a mi hija a la casa de una de sus amigas asiáticas. Toqué el timbre. Su mamá, muy amable, me invitó a pasar. Y apenas entré, sentí cómo mi mente empezó a hacer lo suyo: miraba todo, comparaba y juzgaba con esos lentes invisibles que cargo desde mi cultura. Y creo que, sin quererlo, mis ojos hablaron por mí. Y ella, con una sonrisa tranquila, me dijo:

"Sí, esta es la casa de los niños."

Y esa frase se me quedó grabada. Ese día volví a mi casa y recordé las innumerables veces en que, durante los últimos años, me he sentido culpable o insuficiente por ver mi casa desorganizada o sucia. En ese momento me hice la promesa a mí misma de ser mucho más compasiva conmigo y prometí recordar que soy libre de elegir las expectativas que quiero para mi vida y para mi casa.

Algo que puede ocurrir cuando llegas a un nuevo país es que, a las expectativas que ya traes de tu cultura y de tu propia crianza, terminas sumándole nuevas expectativas normalizadas del lugar a donde llegas a vivir.

Y, sin darte cuenta… duplicas la presión.

En mi caso, una de esas prácticas (o expectativas normalizadas) del lugar a donde llegué es la de tener la agenda repleta de actividades deportivas y extracurriculares. Es la de vivir corriendo y priorizar las actividades estructuradas al tiempo libre.

Días completos, semanas completas. Incluso fines de semana completos. Rutinas que, muchas veces, le exigen tanto a los niños como a los padres sacrificar cosas tan valiosas como el sueño, el descanso o una alimentación saludable. Y ni hablar de otros costos, tanto tangibles ($$) como intangibles: familias divididas, corriendo de un lugar a otro, que rara vez logran sentarse a compartir una comida en calma. Parejas desconectadas, sin tiempo para sentarse a conversar y conectar tranquilamente, así sea por media hora al día.

Ahora quiero dejarte con una pregunta para tu reflexión personal:

¿Qué expectativas podrían estar robando tu paz, tu bienestar y el de tu familia?

(Piensa tanto en esas expectativas que traes de tu cultura y crianza, como de aquellas que pueden existir en el lugar en donde vives. Piensa también en diferentes áreas: personal —aspecto físico—, hogar, profesional, crianza, social, etc.).

Después de esta reflexión, piensa en la posibilidad de soltar una o varias de estas y recuerda:

Eres libre de elegir expectativas que estén más alineadas con tus valores y el tipo de vida con la que sueñas para ti y para tu familia.

¿Y sabes cuál es el mejor regalo que puedes obtener de esto? Espacio.

Cuando sueltas el exceso de expectativas, aparece algo muy valioso: tiempo y espacio para priorizar cosas como tu salud, tu bienestar o tus relaciones.

Tiempo y espacio para ser una mamá presente, sin tener que renunciar a ti.
Esto me lleva a hablar del siguiente aprendizaje que quiero compartir contigo...

Prioriza tu bienestar sin culpa.

Cuando llegué a este país, fui llenando cada uno de mis espacios disponibles de expectativas: las que traía de mi cultura, más aquellas que iba absorbiendo de la nueva.

Sin cuestionar.
Sin parar.
Sin preguntarme si eso era lo que realmente quería para mi vida y la de mi familia.

Y en medio de todo eso, mi autocuidado pasó a un segundo plano. Esto es humano. Es natural y es especialmente común en nosotras las madres, porque en estos momentos aparece una vieja conocida: la culpa.

¿Cómo voy a priorizar mi autocuidado con tan poco tiempo disponible? ¿Cómo voy a cuidarme si eso implica descuidar a los demás, especialmente a mis hijos?

Aquí vuelvo a algo que te compartí en capítulos anteriores: la culpa es la distancia entre tus expectativas y lo que te es posible lograr.

Por eso, el primer paso no es hacer más: es soltar.
Soltar esas expectativas que no te están permitiendo vivir plenamente.

Y sí, sé que la palabra "balance" puede sonar demasiado pesada, especialmente cuando estás lejos de tu país, sin red de apoyo, con múltiples roles y expectativas encima.
Y sí, encontrar el balance puede ser retador, pero no es imposible.

Aquí te comparto algunas formas de empezar, dejando el perfeccionismo a un lado:

Empieza por pensar en balance familiar, no solo personal.

¿Qué sentido tiene construir una vida "perfecta" para tus hijos, para tu pareja o para tu familia extendida, si en el proceso te estás perdiendo a ti misma?

Pienso mucho en mi mamá. Una mamá que estuvo siempre presente, que hizo todo por darnos lo mejor, pero que, en el camino, se olvidó de sí misma.

Y muchas veces me pregunto, aunque nunca tendré la respuesta, si haberse cuidado más, si haber puesto sus necesidades al mismo nivel de las nuestras, le habría permitido vivir más y disfrutar de sus mejores años al lado de sus nietos.Ese pensamiento me acompaña, pero sobre todo me recuerda que **cuidarme también es una forma de cuidar a los que amo**.

Encontrar el balance cuando vives fuera de tu país de origen puede parecer una tarea titánica, así que sé muy paciente y compasiva contigo misma (sobre todo si tus hijos aún están muy pequeños), pero recuerda que también es una decisión que se toma todos los días con intención, priorizando las cosas que son más importantes para ti.

Si esto resuena contigo te invito a leer (y releer) el capítulo 4, pero sobre todo a completar los ejercicios del final con los que puedes pasar de la reflexión a la acción.

Ahora, toma un par de respiraciones profundas, conéctate con tu cuerpo y responde sinceramente a esta pregunta:

Si revisas tu rutina actual:
¿Crees que tus necesidades están siendo satisfechas en igualdad a las de tu pareja y las de tus hijos?

Te invito a hacer la siguiente meditación a solas y en un espacio adecuado en el que puedas estar tranquila y en silencio. Durante la meditación, trae a tu mente una situación con tu pareja o con alguno de tus hijos (si son mayores de 10 años). Una situación retadora, mas no traumática. Antes de hacerla, revisa el anexo 3, en donde te comparto una lista básica de necesidades humanas.

En mi página web (www.anagiraldo.co) o a través de este código QR puedes acceder a la meditación guiada por mi:

Aprender a identificar tus necesidades puede ser retador al principio, pero así como con la atención plena o la compasión, esto funciona como un músculo que se fortalece a través de la práctica.
Acá te comparto una práctica sencilla para identificar tus necesidades en el día a día:

- Reconoce y nombra la emoción difícil (esto es "rabia, frustración, tristeza"...).
- Permite que esa emoción este ahí y trata de identificar en dónde la sientes en tu cuerpo.
- Respira profundo y pregúntate: ¿Qué necesito?...Si te sientes cómoda, pon una mano en tu corazón o donde te resulte más natural, regaládandote a ti misma, un poco de autocompasión.

La rabia es la emoción que suele aparecer con mayor frecuencia cuando hay una necesidad insatisfecha (debajo de la rabia puede haber otra emoción: tristeza, culpa, etc.).Para familiarizarte más con esta práctica, te recomiendo hacer la meditación que te compartí más arriba.

Cuestiona la definición moderna de autocuidado (selfcare)

Hoy en día, especialmente a través de las redes sociales, estamos constantemente expuestas a mensajes que nos invitan a cuidarnos mediante protocolos y rutinas sofisticadas. El autocuidado se presenta como algo elaborado, costoso e incluso egoísta.

Spa.
Tratamientos.
Tiempo "solo para nosotras" a cualquier costo.

Pero esa versión está incompleta. El bienestar real no viene solo de cuidarnos a nosotras mismas; también viene de integrar nuestro cuidado con el de los demás.

Por eso, hoy te invito a pasar de pensar en "self-care" a pensar en "we-care" (te recomiendo la lectura del libro de este nombre: From Self-Care to We-Care, de Jordan Quaglia).

Como mujeres, y especialmente como mamás, tendemos a pensar que tenemos que escoger:

¿Llevo a mis hijos al parque o hago ejercicio?
¿Voy al gimnasio o me tomo un café con una amiga?
¿Cocino o salgo a caminar?

¿Y si no tienes que elegir?...

Te invito a pensar que es posible escogerte a ti y también a los demás:

Cuidarte.
Cuidar.
Sentirte conectada.

¿Qué tal si haces una rutina corta de ejercicio mientras tus hijos juegan en el parque?
¿Qué tal si vas al gimnasio media hora y luego te encuentras con una amiga?
¿Qué tal si conviertes una actividad cotidiana en un momento de conexión?

Aquí algunas ideas simples:

* Sal a caminar con una amiga una vez a la semana
* Invita a alguien a una clase o actividad que te guste.
* Haz un plan en familia que también te nutra a ti (bicicleta, patines, paseo).
* Cocina algo que disfrutes y compártelo con alguien más.
* Aprovecha pequeños momentos (una llamada, un té, un café, una clase de alguno de tus hijos) para conectar con alguien importante en tu vida.
* Inscríbete a una carrera o actividad mamá/hij@.
* Si la infraestructura del lugar donde vives lo permite, encuentra formas de integrar actividades (por ejemplo: ir en bicicleta con tus hijos a la biblioteca o a comer helado, ir en patines al parque, etc.).

¡Las posibilidades son infinitas!

El autocuidado no tiene que ser perfecto, ni egoísta, ni complicado. Tiene que ser sostenible.

Y, sobre todo… tiene que incluirte a ti.

Construye una tribu alineada con tus valores.

Una de las peores consejeras en el camino de adaptación a tu nueva vida como mamá en un país que no es el tuyo es la soledad.

La soledad no es solo una experiencia emocional; es un estado neurobiológico que cambia cómo funciona tu mente.

Cuando te sientes aislada, el cerebro activa circuitos de autorreflexión que, sin la presencia de otros que regulen y den perspectiva, pueden convertirse en rumiación: pensamientos que giran una y otra vez, sin salida.
En muchas mujeres, este efecto se intensifica porque procesamos la vida desde lo relacional; cuando falta la conexión, la mente intenta compensar esto pensando más, sintiendo más, dándole vueltas a todo.
Pero ese esfuerzo no siempre trae claridad; muchas veces trae agotamiento.

No es que te falte fortaleza mental; es que tu cerebro está diseñado para conectar. Y sin conexión, se queda hablando solo.

Por eso es tan importante que busques activamente conectar con otras personas. Y hacerlo con intención.

Te invito a volver al ejercicio de valores del capítulo 3.

¿Cuáles son tus valores?

Desde ahí, busca espacios donde puedas conocer personas que estén alineadas con ellos.

Si valoras la calma, busca una clase de yoga o mindfulness.
Si valoras la creatividad, inscríbete a una clase de arte.
Si valoras la espiritualidad, únete a un grupo de oración.

Construir una red de apoyo mientras sostienes a tu familia en medio de un cambio de país no es fácil, pero piensa que no tienes que empezar en grande.

No se trata de conocer a muchas personas. Se trata de encontrar a las correctas.

En uno de los momentos en que mas sola me sentía, encontré en un grupo de WhatsApp una invitación a una tarde de pintura, calma y conexión entre mujeres.

Escribí, y eso me llevó a la casa de una desconocida que cambiaría completamente mi experiencia en este nuevo país: María.

Ella me abrió las puertas de su casa y me recibió con esa sonrisa y calidez que la caracterizan. Recuerdo que, después de guiarnos en una meditación corta, compartió lo difícil que había sido para ella sentirse acompañada en sus primeros años viviendo aquí.
Y en ese momento algo hizo clic: no era la única. No era "yo". Era parte de un proceso que muchas vivimos.

Y lo que empezó como una conversación se convirtió en una linda amistad y en una misión compartida: construir la comunidad que nos hubiera gustado tener desde el primer día.
No un grupo más de WhatsApp. Una comunidad real, de carne y hueso. Un espacio donde pudiéramos ser nosotras mismas. Donde la compasión, la calma y la vulnerabilidad fueran la base.

Con esto no te estoy diciendo que tienes que crear una comunidad ni empezar con algo grande. Lo que quiero recordarte es algo mucho más simple y poderoso, y que resumo en una frase que la misma María me enseñó:

Lo que crees… creas.

Si crees en un mundo más conectado, en donde las mujeres —y especialmente las madres— podemos vivir rodeadas de apoyo, amor y presencia, empieza por ti. Por creer que eso es posible y por tomar acción para construirlo con intención, paso a paso, día a día.
Y empieza pequeño. Empieza por una persona.

Eso sí: prepárate para recibir algunos (o muchos) "no".

No todo el mundo tiene el tiempo.
No todo el mundo tiene la energía.
No todo el mundo considera que conectar con otros o construir comunidad sea una prioridad.

Pero hay personas allá afuera que si quieren lo mismo que tú.

Búscalas. Y, si por momentos parece misión imposible, no te dejes vencer por el miedo al rechazo. Sé resiliente y continúa.

Y cuando encuentres a esa o esas personas, cuídalas con intención:

Escribe o llama cuando sepas que necesitan ser escuchadas.

Ofréce tu ayuda cuando puedas.

Invítalas a tu casa, así eso implique incomodarte, aprender a ser más flexible y más vulnerable. Tal vez tu casa no sea la más grande ni la más nueva; tal vez esté un poco sucia o desordenada (vuelve otra vez a cuestionar tus expectativas y a ser la que le muestra a otras que existen otras posiblidades).

Atrévete a ser la primera en proponer que se turnen para llevar a los niños a clase o se ayuden con tareas de la casa o cuidado de los niños cuando alguna esté pasando por un momento difícil o su pareja esté de viaje.

Aprende a tomar el primer paso, a incomodarte, a ser vulnerable.

No siempre recibirás lo mismo de vuelta. No siempre será perfecto. Pero te prometo algo:

Esa energía, ese amor que das… encontrará la manera de regresar. Y, poco a poco, casi sin darte cuenta, dejas de sentirte sola…

Y empiezas a sentirte sostenida.

Algo clave durante este proceso de construir tu red de apoyo es que siempre priorices la compasión.

Las mamás, especialmente cuando estamos lejos de nuestro país de origen y sin un sistema de soporte, atravesamos momentos muy retadores, sobre todo en los primeros años de adaptación.

Por eso es tan importante que elijas la compasión y el amor, una y otra vez.

Porque no siempre sabrás qué está viviendo esa otra persona. Tal vez esa mamá que te dijo algo que no te gustó o te hizo sentir incómoda, hoy esté cansada, abrumada o pasando por un momento de ansiedad o tristeza. Muchas de nosotras —incluyéndome— hemos estado ahí.

Antes de juzgar, haz una pausa. Respira. Y elige mirar con compasión. La compasión es un músculo que se entrena y se fortalece con la práctica. Si lo necesitas, vuelve al capítulo 5 y recuerda lo poderoso que puede ser incorporar una práctica regular de bondad amorosa.

Otra cosa importante que quiero pedirte si hoy estás leyendo estas páginas: el día en que empieces a sentirte sostenida, conviértete en ese apoyo para otra mamá, especialmente si acaba de llegar y está atravesando ese proceso de adaptación.

Ser una mamá presente, no perfecta, lejos de tu país de origen.

No se trata de hacerlo igual que antes ni de seguir una cultura al pie de la letra. Se trata de elegir, con intención, cómo quieres vivir y cómo quieres criar a tus hijos. De abrazar el cambio y verlo como una oportunidad de crecimiento, para ti y para tu familia.

Se trata de entender que lo que hace a tu familia es mucho más que el lugar en donde están:

Son los valores que comparten y las decisiones diarias que toman en línea con ellos.

Ser una mamá presente lejos de tu país de origen, es levantarte todos los días con la convicción de que es posible crear aquello en lo que crees: un hogar en paz, un hogar amoroso, un hogar conectado con su comunidad.

Pero recuerda que este no es un destino, es un camino. Un camino que puede sentirse complejo y solitario, sobretodo al principio, pero que también te enseñará a ser más resiliente. A levantarte después de los "no", de los silencios, de los intentos que no salen como esperabas.

Ser una mamá presente lejos de tu país de origen es insistir en acercarte a otros. Es construir comunidad con intención, eligiendo la compasión por encima del juicio.

Es aprender a tener conversaciones incómodas con tu pareja para reencontrarse como equipo en un terreno nuevo.

Es darte permiso de no sentirte plena todos los días y pedir ayuda cuando la necesitas.

Es aprender a honrar tus necesidades tanto como las de los demás, incluso cuando hay días, semanas o meses difíciles.

Porque la presencia no nace de la perfección.
Nace de la intención.

Durante estos años fallé muchas veces y, por momentos, casi me rendí. Pensé que era imposible ser una mamá presente y una mujer plena lejos de mi país. Hasta que entendí algo profundamente liberador:

Ser una mamá presente y una mujer plena, no es algo que logras.
Es una decisión que tomas, todos los días.

Primero quiero agradecer a Dios por haberme dado el privilegio de nacer y crecer en una familia como la mía.

A mis papás: Nelly y Luis Enrique, mis ángeles de la guarda, quienes hoy desde el cielo iluminan mi camino y me siguen recordando que el amor y la familia son los pilares de una vida con significado. Gracias, papi, por enseñarme a soñar sin límites, pero sobre todo a soñar desde el corazón.

Gracias a esa personita, o más bien, personota que un 24 de Enero de 2015 llegó a este mundo para convertirme en madre y mostrarme un nuevo camino para mi vida. No puedo pedirle más a la vida. Una hija como tú. Recuerdo esa vez que leímos el cuento de *Qué hacer con una idea*, sobre el poder de creer en nuestras ideas y perseguir nuestros sueños. En ese momento, este libro era solo eso: una idea. Tú te volteaste, y con la sabiduría que te caracteriza, porque a pesar de tener solo siete años tu alma parece ser mucho más vieja que eso, me dijiste: "Mami, tú ya sabes que tienes que hacer: persigue tu idea, hasta hacerla realidad". Gracias por ayudarme a crecer y seguir siendo mi maestra todos y cada uno de nuestros días juntas. Gracias a mi arcoíris, Antonia. Siempre serás mi arcoíris, porque llegaste a mi vida en un momento de tormenta intensa, para mostrarme que después de la tormenta, SIEMPRE SALE EL SOL. Gracias porque a pesar de que nuestros primeros años fueron agotadores y muy retadores, hoy podemos respirar juntas y decir: "Lo logramos". Y si vuelve a llegar la tormenta...ya sabemos que siempre saldrá el sol. Gracias por hacerme reír todos los días, por esa energía que te acompaña y que es tan contagiosa.

Gracias a esa persona que llegó a mi vida para volverme a hacer creer en el amor incondicional, pero, sobre todo, para volver a creer en mí. No en la versión perfecta de mí, sino en mi versión más auténtica. Gracias, esposo. Gracias por ser no solo la persona a quien más admiro en este mundo, por tu liderazgo y nobleza, sino por apoyarme en absolutamente to- das mis locuras. Gracias por ser el mejor compañero de vida que pude escoger y el mejor papá para nuestras hijas.

Gracias a mi familia, a mi hermana, a mis sobrinas, a mis primas, que siempre han estado ahí, que son esa "tribu" que deseo que TODAS las madres del mundo puedan tener. Gracias por todo. Este libro también se los debo a ustedes.

Gracias a mi hermano que algún día hace muchos años, cuando fui a vivir con él por unos meses en Nueva York al graduarme del colegio, me dijo: "La vida no se hizo para dor- mir veinte horas y menos cuando estás en el corazón del mundo. Levántate y sal a ver el mundo. Levántate y ve a aprender de la vida". A partir de ese día, eso fue lo que hice: enfrentar la vida con esa actitud, y con esa apertura. Ese día me marcó para siempre y me di cuenta que cada experiencia que vivimos, puede ser tan rica (o tan pobre) como nosotros decidamos que sea. Gracias también a mi cuñada, Maquis, porque sé que ella vio la luz de la creatividad en mí, cuando muchos no la veían.

A Nelly, gracias, porque más que una niñera, se convirtió en parte de nuestra familia. Por tratar a mis hijas como si fueran suyas, por ayudarme en momentos en donde la frus- tración y el cansancio se apoderaban de mí, por ser mi mano derecha y permitir que pudiera dedicarme a escribir estas pá- ginas con la tranquilidad de saber que mis hijas estaban con alguien que las quiere infinitamente. Gracias porque su apoyo incondicional me permitió dedicarle tiempo a mi mamá y a mi papá cuando más lo necesitaron.

A mis *coaches* y mentoras, Beatriz Gómez, Tara Mohr, Lisen Stromberg y María Camila Urzola. Gracias por ser luz en mi camino, por impulsarme a seguir mis sueños a pesar de mis miedos.

A Juanita Escallón, mi editora, por ser más que una editora, una coequipera. Por tenerme infinita paciencia por incumplir varias fechas de entrega, sobre todo en esos momentos caóticos, pero cotidianos de la maternidad. Gracias, Juanita. Gracias por entender y por no dejarme desfallecer en mi intento de terminar este libro.

ANEXOS

La Madre de la Edad Media (siglos IX y XIV) El papel de la madre en esta época era la de ser un "vehícu- lo" para procrear, gestar, parir y amamantar a un bebé, una función que le había sido asignada por su naturaleza femeni- na. La función de las mujeres en general era engendrar hijos de manera continuada y hasta la muerte (la esterilidad en una mujer era considerada una causa de ruptura del matri- monio).El rol de la madre era simplemente el de parir y asegurar que ese bebé sobreviviera hasta alcanzar una edad suficiente para que su padre se encargará de su educación. La madre solamente quedaba encargada de ser su guía espiritual y de valores (y en el caso de las niñas de su sexualidad). El resto de su educación era responsabilidad del padre.

La Madre del Romanticismo (siglos XV a XVIII) Los niños eran considerados seres extraños, casi demonía- cos, capaces de lastimar a otros y a sí mismos. El castigo fí- sico era válido para disciplinar a los niños y el cuidado de los hijos era entregado en su totalidad a terceros (generalmente mujeres que ocupaban un lugar inferior en la sociedad). Los niños eran poco valiosos, adquiriendo valor social solo como adultos. A los seis años ya no son considerados cargas mo- lestas, ya que aportan a la economía del hogar. Los padres invierten tanto tiempo y recursos en los niños como el que esperan de vuelta.

El nacimiento de la maternidad intensiva (siglos XIX y XX) En la segunda mitad del siglo XIX se identifica maternidad con la crianza. En el siglo XX en Estados Unidos las mujeres se organizan en la necesidad de una nueva visión del ideal romántico, lo que irónicamente se realiza en el concepto de "esposa dueña de casa" (housewife), donde existe una valoración simultánea del hogar y la maternidad. Las mujeres defienden su valor como encargadas de la crianza de los futuros ciudadanos de la república y demandan educación para ser formadas en la razón. Surge el culto a lo doméstico, donde las mujeres aparecen protegidas en este contexto privado bajo creencias de la Maternidad como moral: la madre tiene la tarea de ofrecer apoyo moral y emocional a sus esposos e hijos colaborando a la formación de una sociedad más virtuosa, como guardiana de la moral. Desde esta perspectiva, la maternidad es vista como una posición social por la contribución al bienestar social (Hays, 1998). La crianza pasa a ser así una tarea para quien mejor la cumple, que es la madre individual, lo que se asume en la ideolo- gía de la Maternidad exclusiva. La presencia constante de la madre es irremplazable para proporcionar una experiencia temprana constructiva, siendo el padre no directamente importante. Esto lleva a otra creencia, la Maternidad intensiva, como compromiso que requiere dedicación total, gran inversión de energía y recursos, conocimiento, capacidad de amor, vigilancia de su propio comportamiento y subordinación de los propios deseos. Es una tarea de sacrificios, pero al mismo tiempo su realización es una recompensa. A la base está la lógica de la crianza generosa (Hays, 1998).

Estos planteamientos contribuyen a dar relevancia a la madre en el desarrollo sano del hijo. La teoría del apego (Bowlby, 1954, 1986; Fonagy, 1997, 2001), enfatiza las primeras interacciones entre el niño y el adulto encargado de su cuidado (por lo general la madre), como cruciales en el tipo de relación afectiva que se tendrá como adulto con los demás. Desde esta perspectiva, cualidades sanas y positivas de relación y respuesta afectiva en la vida adulta, serían consecuencia de una buena calidad del cuidado materno (capacidad de respuesta sensible, de alivio de la angustia, de estimulación moderada, calidez, sincronía interaccional e involucramiento). Por otra parte, rasgos de personalidad negativos y trastornos psicológicos de la madre tendrían repercusiones negativas en el desarrollo de los hijos. La perspectiva causal que se desprende entre factores maternos y de crianza contribuye a asociar significados de alta responsabilidad, gravitación y peso a la tarea que asume una mujer con la maternidad. Este discurso; sin embargo, muestra ciertas contradicciones. Por una parte entrega gran responsabilidad a la función materna y, por otra, genera una especie de apropiación de las funciones parentales de parte de los expertos. Otra consecuencia de esta visión es que se establecen criterios de "buena" y "mala" madre, dando inicio a la "maternidad como patología". Se genera la ideología de la madre omnipotente. **Esta es la madre idealizada y perfecta**, la que puede lograr resultados perfectos para el desarrollo del hijo y la proveedora del cuidado de la familia, de todo lo bueno y deseable para el niño. Por el contrario, los resultados negativos en el desarrollo del niño, los desórdenes psicológicos individuales y los males sociales son debidos a las malas prácticas maternas y ella es culpable por ello (Hays, 1998; Rapoport, Strelitz & Kew, 1977).

En este contexto se aprecia una prevalencia del discurso moderno sobre maternidad (Hays, 1998) conjuntamente con la emergencia de nuevas ideas que surgen como visiones opuestas. Se origina por ejemplo, una contradicción entre crianza intensiva del niño y el *ethos* de las relaciones impersonales y competitivas en la búsqueda de ganancias individuales. Desde este punto de vista la maternidad empieza a ser contraria a la realización personal. Se disminuye el número de hijos y la opción laboral y actividades fuera del hogar aumentan como tema de la mujer y las madres. La postergación de la maternidad empieza a ser aceptada lo que se evidencia en una ampliación de la brecha generacional (Burin, 1998). Esta complejización de las concepciones en torno a la maternidad y la apertura de posibilidades para la mujer empieza a considerar a la función materna como menos positiva y menos atractiva que en otras épocas. No solo no queda claramente establecido como un rol que valoriza a la mujer, sino que además los propios hijos empiezan a ser vistos como carga y considerados como quienes interfieren en las motivaciones de realización profesional y deseos de tener una acción en la sociedad (Araya & Bitrán, 1995; Burin, 1998). Por otra parte las nuevas y crecientes problemáticas que vive la infancia y la juventud actual (problemas conductuales, violencia, adicciones a drogas y alcohol, sexualidad precoz, comportamiento antisocial, etcétera), ya no son vistas solo como falla materna. De algún modo volvemos a la visión en que el niño no es inocente y tal vez retornamos a algunos rasgos antiguos que hacen sentirse al adulto amenazado, desconfiado y lo cuestionan entre tomar acciones de cuidado, entrega, provisión y cercanía, o defensa, represión, indiferencia y distancia (Bertoglia, 2004).

La paradoja : Madre o Mujer, maternidad del siglo XXI

Pareciera que en la actualidad la noción de maternidad no logra unificar significados congruentes, enfatizando una función cargada de responsabilidad individual, al mismo tiempo que nuevas posibilidades de experiencia y autorrealización para la mujer. La madre del discurso social parece continuar fuertemente asociada a concepciones heredadas de la era moderna normativa, con ideas de maternidad omnipotente e intensiva, como las más preponderantes. Mientras que la mujer es la que aparece abriéndose paso hacia nuevos "valores" de autorrealización y autosatisfacción, donde la función materna parece tener poco espacio, quedando esta última en una posición opuesta a la imagen de mujer, generando contradicción en torno a la propia identidad y posibles trastornos en el desempeño individual general y de la función de procreación, nutrición, crianza y educación propiamente tales. Si se toma esta perspectiva, las opciones vitales pueden ser vistas como excluyentes: ser madre renunciando a las posibilidades y libertades como mujer o buscar desarrollarse (como pareja, profesional o trabajadora), abriéndose a los nuevos ofrecimientos sociales, renunciando o postergando la procreación y la maternidad. En el segundo caso se es vista como dando prioridad al propio placer. Pareciera una paradoja sin salida (o madre o mujer), que de alguna manera se genera en una concepción de maternidad aún bajo los parámetros modernos: rígida, omnipotente, exclusiva e intensiva. Desde esta perspectiva se puede comprender cómo las demandas ilimitadas en torno a este rol continúan teniendo la influencia que tienen en la experiencia personal de las madres. Las consecuencias individuales como duda de sí mismas, secuelas psicológicas, resultan de los altos costos de cuestionar el discurso social. Pareciera que desde cualquier posición esto es inevitable en un escenario en el cual los conceptos de maternidad y mujer se polarizan. **¿Una nueva posibilidad?** Se podría plantear que asumir sin conflicto las identidades de madre y mujer, en una época que avanza en la supera- ción de posiciones de inferioridad, desafía directamente al modelo patriarcal apuntando a un viraje hacia formas más solidarias de relación y no basadas en la dominación (Eisler, 1996). Este punto de bifurcación, que puede estar viviendo la mujer y la madre de nuestra era, está abierto hacia nuevas posibilidades, pero la dirección que tomemos dependerá de cómo abordemos este proceso. Llevamos una dirección, pero avanzamos en lo desconocido.

Fragmentos tomados del documento: **"Transformaciones Histórico Culturales del Concepto de Maternidad y sus Repercusiones en la Identidad de la Mujer"**, por María Elisa Molina (Pontificia Universidad Católica de Chile).

ANEXO 2: Lista de Valores Guía

Tus valores Guía

Aceptación
Adaptabilidad
Alegría
Altruismo
Amabilidad
Ambición
Amistad
Amor
Apertura
Aprendizaje
Armonía
Asertividad
Audacia
Autenticidad
Autosuficiencia
Aventura
Calidad
Calma
Candor
Capacidad
Caridad
Certeza
Claridad
Compasión
Competencia
Compromiso
Comunicación
Comunidad
Concentración
Conexión
Confianza
Consciencia

Consideración
Consistencia
Contribución
Control
Convicción
Cooperación
Coraje
Cortesía
Creación
Creatividad
Crecimiento
Credibilidad
Cuidado
Curiosidad
Dedicación
Desafío
Desarrollo
Descubrimiento
Determinación
Devoción
Dignidad
Disciplina
Disfrute
Diversión
Efectividad
Eficiencia
Empatía
Empoderamiento
Empuje
Energía
Entrega
Entusiasmo
Equidad
Equilibrio

Esperanza
Espiritualidad
Espontaneidad
Estabilidad
Estatus
Estructura
Ética
Excelencia
Éxito
Experiencia
Exploración
Expresividad
Familia
Felicidad
Fidelidad
Foco
Fortaleza
Fuerza
Generosidad
Genialidad
Gracia
Grandeza
Gratitud
Honestidad
Honor
Humildad
Imaginación
Independencia
Individualismo
Innovación
Inquisición
Inspiración
Integridad
Inteligencia

Tus valores Guía

Intensidad
Intuición
Irreverencia
Justicia
Lealtad
Legitimidad
Libertad
Liderazgo
Limpieza
Lógica
Logro
Madurez
Maestría
Mejora continua
Moderación
Motivación
Oportunidad
Optimismo
Orden
Orientación a resultados
Paciencia
Pasión
Paz
Persistencia
Perspicacia
Poder
Popularidad
Potencial
Precisión
Presencia

Productividad
Profesionalismo
Propósito
Prosperidad
Precisión
Razón
Realismo
Reconocimiento
Recreación
Reflexión
Rendimiento
Resistencia
Respeto
Responsabilidad
Reverencia
Riesgo
Rigor
Riqueza
Sabiduría
Salud
Satisfacción
Seguridad
Sensibilidad
Sentido Común
Serenidad
Servicio
Significado
Silencio
Simplicidad
Sinceridad

Soporte
Sorpresa
Sostenibilidad
Talento
Templanza
Tenacidad
Tolerancia
Trabajo en equipo
Trabajo fuerte
Tradición
Tranquilidad
Transparencia
Unidad
Valentía
Valor
Verdad
Victoria
Vigilancia
Visión
Vitalidad

Ana Giraldo

www.anagiraldo.co

CONEXIÓN
Aceptación
afecto
aprecio
pertenencia
cooperación
comunicación
cercanía
comunidad
compañerismo
compasión
consideración
consistencia
empatía
inclusión
intimidad
amor
mutualidad
cuidado
respeto /
autorrespeto
seguridad
protección
estabilidad
apoyo
conocer y ser
conocido
ver y ser visto
entender y ser
entendido
confianza
calidez

BIENESTAR FÍSICO
aire
comida
movimiento / ejercicio
descanso / sueño
expresión sexual
seguridad
refugio
contacto físico
agua

HONESTIDAD
autenticidad
integridad
presencia

JUEGO
alegría
humor

PAZ
belleza
comunión
facilidad / fluidez
igualdad
armonía
inspiración
orden

SENTIDO
conciencia
celebración de la vida
desafío
claridad
competencia
consciencia
contribución
creatividad
descubrimiento
eficacia
efectividad
crecimiento
esperanza
aprendizaje
duelo
participación
propósito
autoexpresión
estimulación
sentir que importo
comprensión

AUTONOMÍA
elección
libertad
independencia
espacio
espontaneidad

ANEXO 4: Recursos

MATERNIDAD PRESENTE

Ana Giraldo @giraldoana Podcast: Mamá presente no perfecta
Dr Shefali IG: @doctorshefali Libro: *Paternidad Consciente*
Susan Stiffelman (Mindful Parenting) IG @susanstiffelman
Dr. Becky at good Inside (Psicología + Paternidad) IG @drbeckyatgoodinside Libro: *Good Inside*
Lisen Stromberg (Maternidad y trabajo) Libro: *Work, Pause & Thrive: How to Pause for Parenthood Without Killing Your Career*
Julie Lythcott-Haims Libro: *How to raise an adult (Break free of the overparenting trap and prepare your kid for success)*
Paola Elizaga (Maternidad y emprendimiento) IG @paolaelizaga
Podcast: *Negocios entre pañales* de Paola Elizaga
Zoe Blaskey (Maternidad, Compasión y *Mindfulness*)
IG @zoeblaskey
Podcast: *The Motherkind Podcast* (Spotify o Apple podcasts)
Daniel Siegel
Libro: *Parenting from the inside out*
Libro: *El poder de la presencia*

MATERNIDAD Y TRANSFORMACIÓN (MATRESCENCIA)
Amy Taylor-Kabbaz (Matresencia) IG: Amytailorkabbaz Libro: *Mama Rising*
Sophie Brock IG: @drsophiebrock Podcast: *The Good Enough Mother*
Alexandra Sacks MD Libro: *What no one tells you: A guide to your emotions from pregnancy to motherhood. Simon & Schuster Paperbacks* Ted talk: *"Una nueva forma de pensar la transición hacia la maternidad"*
https://www.ted.com/talks/alexandra_sac-
ks_a_new_way_to_think_about_the_transition_to_mother-
hood?language=es

Kate Northrup IG: @katenorthrup Libro: Do Less - A revolutionary approach to Time and Energy Management for Busy Moms de Kate Northrup (Solo en inglés)
Tiffany Dufu Libro: Drop the Ball - Achieving more by doing less de Tiffany Dufu (Solo en inglés)
Eve Rodsky Libro: A Game-Changing Solution for When You Have Too Much to Do (and More Life to Live)
Brad Stulberg; Steve Magness Libro: Máximo Rendimiento
Greg McKeown Podcast: The Greg Mckeown Podcast Libro: Essentialism
Nir Eyal Libro: Indistractable: How to Control Your Attention and Choose Your Life

MENTALIDAD Y PROPÓSITO

Jay Shetty Podcast: *On Purpose con Jay Shetty (Apple podcasts)* Libro: *Piensa como un monje*
Adam Grant IG: @adamgrant Podcast: *Re: Thinking*
Brené Brown: IG: @brenebrown Libro: *Los dones de la imperfección* Podcast: *Unlocking Us de Brené Brown*
Simon Sinek IG: @simonsinek Podcast: *A bit of Optimism* Libro: *Encuentra tu por qué*
Tara Sophia Mohr IG: @tarasophiamohr Libro: *Playing Big, Find Your Voice, Your Mission, Your Messa- ge de Tara Sophia Mohr* (Solo en inglés)
Dr Chaterjee IG @drchatterjee . Podcast: Feel better, live more
Carol Dweck Libro: La actitud del éxito de Carol Dweck
Reshma Saujani Libro: Brave vs Perfect de Fear Less, Fail More, and Live Bolder de Reshma Saujani (Solo en inglés)

MINDFULNESS Y YOGA

Yoga al alma IG @yogalalma **Durga Stef** IG @durgastef Podcast: *Conversaciones del Alma*
Yourz - Centro de Mindfulness IG *@mindfulness.yourz*
Carolina Lasso IG *@hola.plenitud Libro: Plenitud*
Aplicaciones para Meditar/Practicar Mindfulness
Insight Timer. Headspace. Meditopia

BIBLIOGRAFÍA

Saujani, Reshma (2019)
Brave,NotPerfect:FearLess, Fail More, and Live Bolder. Currency

Brown, Brené (2016)
Losdonesdelaimperfección. Gaia Ediciones.

Hyatt, Michael & Hyatt, Megan. (2021)
Win at workandsucceedat life:5Principles to Free Yourself from the Cult of Overwork. Baker Books.

Vitti, Alisa (2021)
Ensintonía con tu ciclo femenino: Aprende a sincronizarte con tu bioquímica para dar rienda suelta a tu creatividad, mejorar tu vida sexual y hacer más con menos estrés. Sirio.

Rein, Valerie PhD (2019)
Patriarchy StressDisorder:The Invisible Inner Barrier to Women's Happiness and Fulfillment. Lioncrest Publishing

Mohr, Tara (2015)
*Playing Big: Practical Wisdom for Women Who Want to Speak Up, Create, and Lead.*Penguin Random House.

Lasso, Carolina(2021)
*Plenitud:Sieteprincipiospara una vida moderna plena, abundante y con propósito.*Amazon

Coleman, John(2022)
HBRGuidetoCraftingYour Purpose. Harvard Business Review Press

Shetty, Jay (2021).
Piensacomo un monje: Entrena tu mente para la paz interior y consigue una vida plena. Grijalbo

Stromberg, Lisen (2019)
HowtoPauseforParenthood Without Killing Your Career. BenBella Books.

Petrovich, Karina (2020)
*Lamagiadecreerenti.*Grupo Sin Fronteras Sas

Huffington, Arianna
Thrive.

Rodsky, Eve. (2019)
AGame-ChangingSolution for When You Have Too Much to Do (and More Life to Live). G.P. Putnam's Sons

Dudu , Tiffany (2017)
Dropthe Ball: Achieving More by Doing Less.
Flatiron Books

Perlmutter, Dr. David (2020) & Perlmutter Dr. Austin
*Purificatu Cerebro.*Grijalbo

Karlgaard, Rich (2019)
*LateBloomers.*Broadway Books

Hanson PHD, Rick (2009)
Buddhas´Brain: Hapiness,Love & Wisdom.
New Harbinger Publications

Hanson PHD, Rick (2020)
Neurodharma. Harmony Books

Lythcott-Haims, Julie (2015)
Howto raise an adult (Breakfree of the overparenting trap and prepare your kid for success). St. Martiś´ Griffin

Dweck, Dr. Carol (2016)
MindsetlaActituddelÉxito. Sirio

Tsabary, Shefali (2019)
*PadresConscientes.*Penguin Random House.

Taylor-Kabbaz, Amy (2019)
MamaRising:DiscoveringtheNew You through motherhood. Hay House

Siegel, Daniel & Payne,Tina (2020)
*Elpoderdelapresencia.*Alba Editorial

Guise, Stephen. (2015)
Howtobeanimperfectionist. Selective Enterntainment

Slaughter, Anne-Marie (2016)
UnfinishedBusiness.RandomHouse

Eyal, Nir (2019)
Indistractable:How to control your attention and choose your life.
Benbella Books

Thich Nhat Hanh (2007)
Elmilagrodemindfulness.Ediciones Oniro

Stulberg, Brad & Magness Steve (2017)
MáximoRendimiento.Sirio

Siegel, Daniel J. (2004)
Parentingfromtheinsideout. Penguin Random House

Northrup, Kate (2019)
DoLess: A RevolutionaryApproach to Time and Energy Manage-
ment for Ambitious Women. Hay House

Sacks, Alexandra MD & Birndorf, Catherine MD (2019)
Whatnoonetellsyou: A guideto youremotionsfrompregnancy
to motherhood. Simon & Schuster Paperbacks

ARTÍCULOS:

Subdirección de Género Dirección de Desarrollo Social DNP
(Departamento Nacional de Planeación) *Economía del*
cuidado: revisión de literatura, hechos estili- zados y
políticas de cuidado https://colaboracion.dnp.gov.
co/CDT/Desarrollo%20Social/4.%20Documento%20Prelimi-
nar %20Econom%C 3%ADa%20del%20Cuidado.pdf
González Cuadros C.A, Barrera Vargas D.A, Garzón Romero

J.M (2017)
Productividad – Calidad de vida y tiempos de trabajo en las
organizaciones https://repository.ugc.edu.co/bitstream/

handle/11396/3803/Calidad_vida_tiempos_organizaciones.
pdf ?sequence=1&is Allowed= y)

Grupo Inercia Valor (Julio, 2016) *¿Cómo han Cambiado los Horarios Laborales a lo Largo de la Historia?* https://www.sectorial.co/articulos-especiales/ item/339714-%C2%BFc%C3%B3mo-han-cambiado-los-hora- r io s-l ab or ale s-a-lo -l ar g o - de -l a-his t or ia # :~: t e x t= L a% 20 jor na-
da%20laboral%20de%20ocho,los%20trabajadores%20y%20 los % 20 empre s ar ios .

PODCASTS

Shetty, Jay (presentador) *7 of my best time manage- ment Habits* (Episodio 246) [Episodio de podcast de au- dio] En "On purpose" de Jay Shetty. Podcast. https://pod-casts.apple.com/co/podcast/on-purpose-with-jay-shetty/ id145 0 9 9 4 02 1?i=10 0 0 5 2 5978 18 5

Brock, Sophie & Taylor-Kabbaz, Amy Podcast (presenta-dores) *Redefining our careers and purpose as mothers with Amy Taylor-Kabbaz* (Episodio 79) [Episodio de podcast de audio] En "The Good enough mother". Podcast. https://po-dcasts.apple.com/co/podcast/the-good-enough-mother/ id14 8 01493 0 6?i=10 0 0 5 76 8 3 37 28

Blaskey, Zoe & Mate Gabor (presentadores) How to heal your deepest wounds (Abril 7. 2020) [Episodio de podcast de audio] En Motherkind. *Podcast.* Blaskeyhttps://pod-casts.apple.com/co/podcast/the-motherkind-podcast/ id1295306961?i=1000541089588

TED TALKS Saujani, R. (2016, Febrero) Enseñemos a las niñas valentía, no perfección. [Video].
https://www.ted.com/talks/reshma_saujani_teach_girls_bravery_not_p erfection?language=es

Sacks, A. (2018, Mayo) *Una nueva forma de pensar la transición hacia la maternidad* [Video]. Conferencias TED https://www.ted.com/talks/alexandra_sacks_a_new_way_to_think_about_the_transition_to_motherhood?language=es

Wright, M. (2021, Julio). *Every child can thrive by five* [Video]. Conferencias TED https://www.ted.com/talks/molly_wright_how_ever y_child_can_thrive_by_five?language=es # t-1195 4

www.ingramcontent.com/pod-product-compliance
Lightning Source LLC
Chambersburg PA
CBHW060528160726
47991CB00001B/232